I0566849

DISCLAIMER

The author and publisher are providing this book and its contents on an "as is" basis and make no representations or warranties of any kind with respect to this book or its contents. The author and publisher disclaim all such representations and warranties, including but not limited to warranties of merchantability. In addition, the author and publisher do not represent or warrant that the information accessible via this book is accurate, complete, or current.

Except as specifically stated in this book, neither the author nor publisher, nor any authors, contributors, or other representatives will be liable for damages arising out of or in connection with the use of this book. This is a comprehensive limitation of liability that applies to all damages of any kind, including (without limitation) compensatory; direct, indirect, or consequential damages; loss of data, income, or profit; loss of or damage to property; and claims of third parties.

Extra Graphic Material From: www.freepik.com
Thanks to: Alekksall, Starline, Pch.vector,
Dgim-studio, Upklyak, Macrovector
& Freepik.com Designers

This Book Offers Free Bonus Puzzles

Available Here:

BestActivityBooks.com/WSBONUS20

5 TIPS TO START!

1) HOW TO SOLVE

The Puzzles are in a Classic Format:

- Words are hidden without breaks (no spaces, dashes, ...)
- Orientation: Forward & Backward, Up & Down or in Diagonal (can be in both directions)
- Words can overlap or cross each other

2) LEVEL UP THE GAME!

A space is provided next to each word to write new ones, translations or notes. We also offer a convenient **NOTEBOOK** at the end of this edition. It can help you organize your annotations, new words and/or observations.

3) TAG YOUR WORDS

Have you tried using a tag system? For example, you could mark the words which have been difficult to find with a cross, the ones you loved with a star, new words with a triangle, rare words with a diamond and so on...

4) EASY TO CUT!

The Puzzles come with an Extra Large margin to easily cut the page out of the book. Some people may feel it more convenient to solve them this way.

5) FINISHED?

Go to the bonus section: **MONSTER CHALLENGE** to find a free game offered at the end of this edition!

Want **more fun** and activities to **relax? It's Fast and Simple!** An entire Game Book Collection **just one click away!**

Find your next challenge at:

BestActivityBooks.com/MyNextWordSearch

Ready, Set... Go!

Did you know there are around 7,000 different languages in the world? Words are precious.

We love languages and have been working hard to make the highest quality books for you. Our ingredients?

One part easy-to-read print, three parts entertainment, then we add some challenging words and a pinch of rare ones. We brew them with care to serve you lots of fun and an opportunity to solve the best puzzles.

Your feedback is essential. You can be an active participant in the success of this book by leaving us a review. Tell us what you liked most in this edition!

Here is a short link which will take you to your Amazon orders review page.

BestBooksActivity.com/Review50

Thanks for your fidelity and enjoy the Game!

Delta Classics Team

Puzzle 1

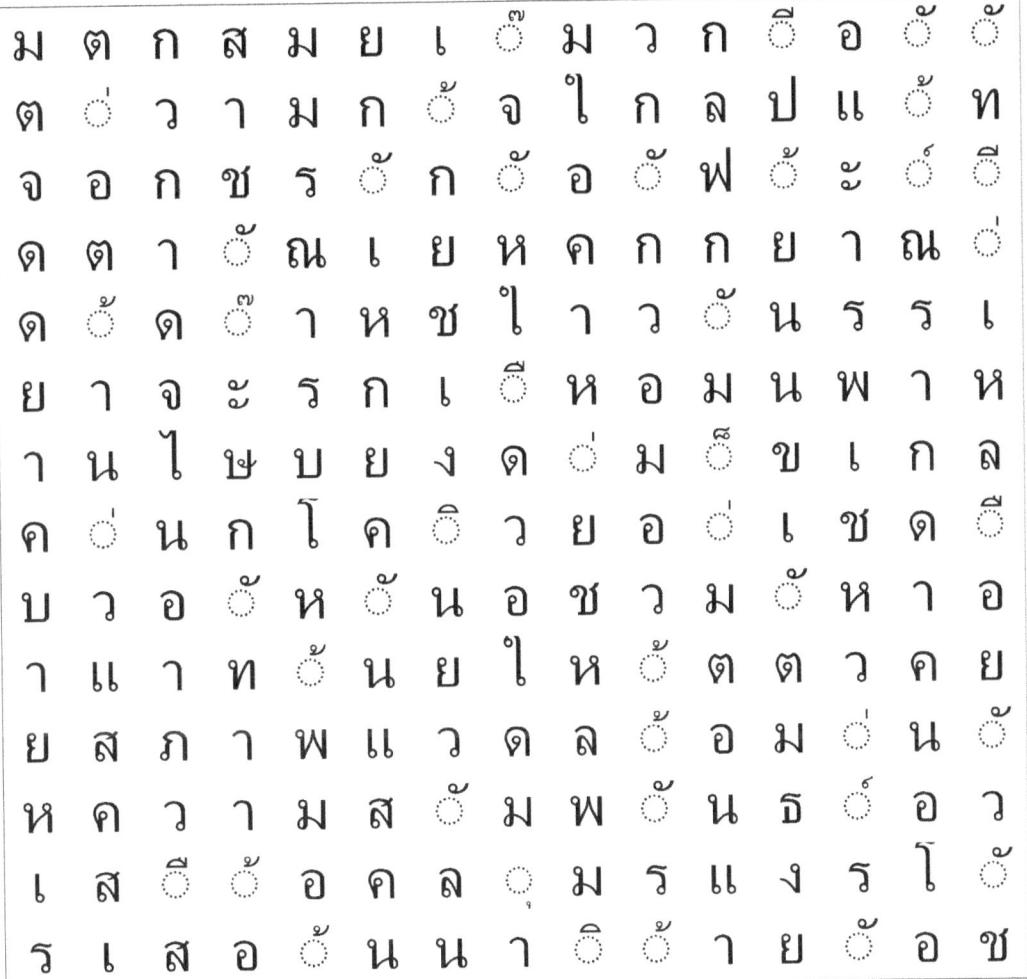

ม	ต	ก	ส	ม	ย	เ	◌๊	ม	ว	ก	◌ื	อ	◌ั	◌ั
ต	◌่	ว	า	ม	ก	◌้	จ	ไ	ก	ล	ป	แ	◌้	ท
จ	อ	ก	ช	ร	◌ั	ก	◌ั	อ	◌ั	ฟ	◌้	ะ	◌์	◌ื
ด	ต	า	◌ั	ณ	เ	ย	ห	ค	ก	ก	ย	า	ณ	◌่
ด	◌้	ด	◌๊	า	ห	ช	ไ	า	ว	◌ั	น	ร	ร	เ
ย	า	จ	ะ	ร	ก	เ	◌ื	ห	อ	ม	น	พ	า	ห
า	น	ไ	ษ	บ	ย	ง	ด	◌่	ม	◌็	ข	เ	ก	ล
ค	◌่	น	ก	โ	ค	◌ิ	ว	ย	อ	◌่	เ	ช	ด	◌ื
บ	ว	อ	◌ั	ห	◌ั	น	อ	ช	ว	ม	◌ั	ห	า	อ
า	แ	า	ท	◌้	น	ย	ไ	ห	◌้	ต	ต	ว	ค	ย
ย	ส	ภ	า	พ	แ	ว	ด	ล	◌้	อ	ม	◌่	น	◌ั
ห	ค	ว	า	ม	ส	◌ั	ม	พ	◌ั	น	ธ	◌์	อ	ว
เ	ส	◌ื	◌้	อ	ค	ล	◌ุ	ม	ร	แ	ง	ร	โ	◌ั
ร	เ	ส	อ	◌้	น	น	า	◌ิ	◌้	า	ย	◌ั	อ	ช

คาดการณ์
สภาพแวดล้อม
การเชื่อมต่อ
ทักษะ
โบราณ
เชด
ต่อต้าน
เพราะ
โรงแรม
ความสัมพันธ์

หยาบคาย
ที่เหลือ
สมัยใหม่
เสื้อคลุม
เข็ม
แว่น
แปลกใจ
เงิน
เจอกัน
กระจาย

Puzzle 2

ก	น	ว	ภ	า	เ	ห	ล	◌็	ก	ซ	บ	เ	ศ	◌่
ก	◌ี	ไ	อ	ค	ล	◌ู	ก	ค	◌้	า	น	ค	◌ู	ล
ย	ส	ฟ	ต	า	น	ข	ล	ก	อ	ล	เ	ย	น	ไ
ว	ก	◌ั	า	ร	◌ั	เ	อ	◌ั	ช	จ	ต	เ	ย	◌่
◌ิ	◌ิ	จ	ช	ก	ม	น	ด	ง	อ	ส	◌ี	ห	◌์	ข
ต	◌ั	◌้	ง	ท	◌้	อ	ง	◌ี	ข	ต	ย	◌็	ก	◌้
ป	ล	โ	ต	ว	ก	◌ี	ต	ร	ย	ว	ง	น	ล	อ
ช	◌ู	ง	ย	จ	ม	◌้	◌่	า	ม	ว	◌ั	ม	า	ค
ส	ก	◌ิ	◌ิ	อ	อ	า	แ	น	เ	ม	เ	ญ	ง	ว
◌ี	ก	จ	◌ิ	า	◌ู	◌้	ก	ร	ะ	เ	บ	◌ิ	ด	า
ส	ว	น	ต	ก	ห	ก	ต	ภ	ไ	ร	ด	◌่	◌ั	ม
ร	า	ย	ต	◌ุ	ห	เ	ด	ก	◌ิ	เ	◌่	◌ี	ท	า
ร	ด	◌้	◌์	ว	◌่	ก	◌ุ	◌ั	◌ั	น	ม	◌่	◌์	ช
ค	◌้	า	ง	ค	า	ว	ช	ไ	◌ี	ภ	น	ภ	า	◌ี

ที่เกิดเหตุ
เก้าอี้
ราคา
ระเบิด
จิงโจ้
ตั้งท้อง
เหล็ก
เคยเห็น
ของขวัญ
ชุดตกแต่ง

ลูกค้า
ข้อความ
ค้างคาว
กีฬา
มัน
บนเตียง
สีสรร
คนเดียว
ลูกกวาด
ศูนย์กลาง

Puzzle 3

ส	ย	◌ั	◌ั	ก	ก	ม	า	พ	ก	ง	◌้	◌่	ข	ก
น	◌ั	ว	จ	น	อ	◌ิ	า	ร	ค	◌็	◌ิ	◌ั	◌้	า
แ	◌์	ง	ซ	ส	ไ	ล	ภ	ส	ย	า	ห	อ	อ	ร
ห	ก	ส	เ	ว	ก	ว	า	ว	โ	ต	◌๊	ะ	ม	แ
◌้	ภ	◌๊	ไ	ก	จ	ม	ย	ร	◌้	ป	ว	ไ	◌ู	ข
อ	◌ั	า	ส	ว	ต	◌่	ใ	ร	ร	◌ั	ต	ค	ล	◌่
ง	◌ิ	ห	◌่	อ	อ	เ	น	ค	◌ั	◌ิ	◌ี	◌ี	ม	ง
เ	ก	น	แ	ห	ก	ใ	ห	◌์	◌่	ห	◌ั	◌๊	◌ู	ข
ร	◌่	◌้	น	น	◌่	ล	เ	◌็	ห	ล	บ	น	◌ั	◌ั
◌ี	ฟ	า	ว	◌่	◌่	น	ว	า	น	ห	◌ู	ด	ฤ	น
ย	อ	เ	ก	◌ิ	น	ไ	ด	◌้	ร	◌ึ	ป	◌่	า	ว
น	น	ห	ไ	บ	บ	แ	ส	ม	บ	◌ู	ร	ณ	◌์	า
ย	ม	◌็	ใ	น	ท	◌ี	◌่	ร	า	บ	อ	ม	◌่	ช
◌่	◌ิ	ด	ก	า	ร	ค	◌้	น	พ	บ	ส	◌ี	ด	◌ำ

ในที่ราบ
ภายใน
แก๊ส
ข้อมูล
เล่น
แน่
ห้องเรียน
แบบไหน
สีดำ
สมบูรณ์
การแข่งขัน
พรสวรรค์
สังเกตเห็น
หน้าเห็ด
กินได้รึป่าว
การค้นพบ
โต๊ะ
วาฬ
ฤดูหนาว
หลบ

Puzzle 4

เ	โ	ว	แ	ร	ภ	า	พ	ถ	◌่	า	ย	◌ั	◌ิ	ด
ก	ช	◌ู	ม	ม	◌้	◌ุ	อ	น	◌์	ห	น	◌่	◌ู	อ
ฟ	ค	ว	ต	จ	◌่	ต	ไ	น	ร	ไ	◌ั	ไ	า	ก
เ	ด	ต	ฟ	น	ด	ม	ม	น	◌ิ	◌่	ซ	อ	ช	ไ
น	◌ี	ช	◌ั	น	จ	เ	ด	◌ั	ช	ม	า	ว	ค	ม
ม	น	ก	ล	◌้	อ	ง	เ	ช	◌ุ	ด	ร	จ	บ	◌้
ส	ะ	◌่	จ	ว	ท	ะ	เ	ล	ส	า	บ	เ	ร	ร
อ	ม	น	◌้	เ	ค	◌ั	◌ั	ย	ส	ข	ม	ก	ร	◌ู
า	◌่	บ	ธ	◌ุ	◌์	น	◌ั	พ	ย	า	ส	ร	พ	ป
ท	ป	ม	◌ั	◌ู	ภ	◌้	โ	◌ั	ห	◌ู	อ	ะ	บ	ร
◌ิ	ย	า	ร	ต	น	◌ั	อ	ง	◌์	น	ห	เ	◌ุ	◌่
ต	ก	ว	ส	ก	◌ิ	ก	ย	อ	◌่	ก	า	ป	ร	า
ย	เ	ค	ร	◌ี	◌่	อ	ง	ม	อ	◌ิ	ว	◌๋	◌ุ	ง
◌์	ล	ะ	เ	อ	◌ี	ย	ด	อ	◌่	อ	ฟ	า	ษ	เ

ดอกไม้
ความชัดเจน
กระเป๋า
โชคดีนะ
กล้อง
ทะเลสาบ
แม่มด
ละเอียดอ่อ
ขาด
บรรพบุรุษ
ภาพถ่าย
อาทิตย์
ชุด
รูปร่าง
คนโง่
สมบัติ
สายพันธุ์
เครื่อง
อุ้ม
อันตราย

Puzzle 5

◌่	น	ท	ห	◌้	ไ	◌ิ	ม	น	◌ิ	◌่	ค	โ	อ	ข
◌ั	ช	ก	า	น	น	ช	ส	ร	น	อ	ว	ด	◌้	น
ม	ว	น	ซ	ง	◌ั	ก	า	ฟ	ย	ต	า	ย	ง	า
ร	ว	ค	ม	อ	ก	ง	ล	ซ	ก	จ	ม	เ	ก	ด
ก	า	ร	ฝ	◌ึ	ก	า	ส	◌ุ	ก	ะ	ย	ฉ	า	ไ
ะ	ข	ล	า	บ	ฐ	◌ั	ร	◌ี	◌่	ไ	า	พ	ร	ห
ม	◌ี	ข	า	ย	ล	ล	า	เ	อ	ป	ก	า	ก	ญ
ห	ส	ย	น	ว	ว	◌ั	ก	ว	ง	ข	จ	ะ	ร	◌่
◌ิ	◌์	ก	ว	น	ต	ด	น	น	◌๊	◌ิ	า	◌ั	ะ	ม
ด	◌้	ว	ย	ก	◌ั	น	◌ิ	น	◌ิ	า	น	ย	ท	ห
◌็	น	อ	ส	ม	น	ม	น	◌ี	ด	◌็	น	อ	◌ำ	ไ
ล	◌ั	ห	◌ั	◌ิ	ว	เ	เ	◌่	◌ิ	◌็	น	◌ั	◌ั	น
ก	ค	ฟ	◌ิ	◌ั	◌่	ว	◌ำ	น	◌่	ช	จ	น	ด	ค
เ	ป	ม	น	ซ	ส	เ	ด	น	ย	◌่	ไ	ช	ก	ง

เกล็ดหิมะ
สีขาว
ขาย
ควร
ทางการเงิน
กลุ่
การกระทำ
ขนาดใหญ่
หนังสือขาย
ด้วยกัน
คนใหม่
นี่
การฝึก
ส่วนตัว
ดำเนินการ
โดยเฉพาะ
จะไป
ความยากจ
รัฐบาล
นิสัย

Puzzle 6

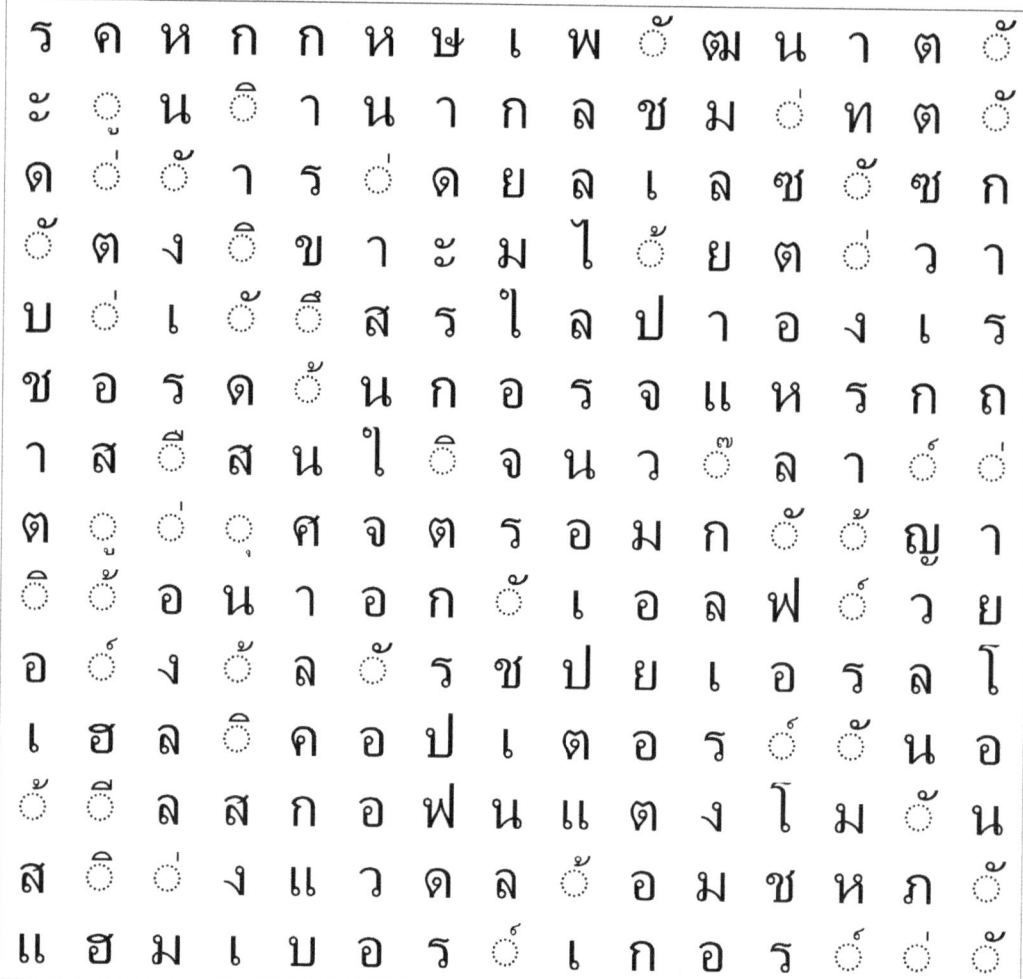

ร	ค	ห	ก	ก	ห	ษ	เ	พ	◌ั	ฒ	น	า	ต	◌ั
ะ	◌ู	น	◌ิ	า	น	า	ก	ล	ช	ม	◌่	ท	ต	◌ั
ด	◌่	◌ั	า	ร	◌่	ด	ย	ล	เ	ล	ซ	◌ั	ซ	ก
◌ั	ต	ง	◌ิ	ข	า	ะ	ม	ไ	◌้	ย	ต	◌่	ว	า
บ	◌่	เ	◌ั	◌ื	ส	ร	ไ	ล	ป	า	อ	ง	เ	ร
ช	อ	ร	ด	◌้	น	ก	อ	ร	จ	แ	ห	ร	ก	ถ
า	ส	◌ี	ส	น	ไ	◌ิ	จ	น	ว	◌๊	ล	า	◌์	◌่
ต	◌ู	◌่	◌ุ	ศ	จ	ต	ร	อ	ม	ก	◌ั	◌้	ญ	า
◌ิ	◌้	อ	น	า	อ	ก	◌ั	เ	อ	ล	ฟ	◌์	ว	ย
อ	◌์	ง	◌้	ล	◌ั	ร	ช	ป	ย	เ	อ	ร	ล	โ
เ	ฮ	ล	◌ิ	ค	อ	ป	เ	ต	อ	ร	◌์	◌ั	น	อ
◌้	◌ี	ล	ส	ก	อ	ฟ	น	แ	ต	ง	โ	ม	◌ั	น
ส	◌ิ	◌่	ง	แ	ว	ด	ล	◌้	อ	ม	ช	ห	ภ	◌ั
แ	ฮ	ม	เ	บ	อ	ร	◌์	เ	ก	อ	ร	◌์	◌่	◌ั

พัฒนา
เฮลิคอปเตอร์
เลเยอร์
ปรกติ
คู่ต่อสู้
สิ้นสุด
น่าสนใจ
หายไปแล้ว
การถ่ายโอน
การขึ้นศาล
หนังเรื่อง
ทั่ง
เอลฟ์
กระดาษ
กล้าหาญ
แฮมเบอร์เกอร์
รัช
ระดับชาติ
แตงโม
สิ่งแวดล้อม

Puzzle 7

ง ห ง ผ น ว ื า ด ก ล โ ก ู ล
า น ส ฟ ล ้ ก ย ด ิ ผ ม า ว ค
น ื แ ์ า ั ำ ป น ็ ส อ ร ร ด
แ ่ ง ู ฝ ก ก ม ั ็ ั ต จ ก ซ
ต ง อ ม ห น ร ไ ะ ซ ย ้ ้ ว ท
่ ส ื ่ ก ั ั ม น น ซ ร ด ่ า
ง ่ ร ห น ว ่ โ ั ว า า เ พ ง
ง ว เ ซ ก ั ี ซ ก ื ซ ว ร ่ ต
า น ย เ ซ อ ท ว ย ร ร จ ี อ ะ
น ส ็ เ น ี ้ อ ห า ธ า ย ว ว
ม ี น บ ิ ง อ ่ ี ร ค เ ง ก ั
ส ่ ้ ฟ ั ง ก ์ ช ั น ู ่ ง น
น ็ ้ ห ู ว พ ย า ย า ม ี น ต
ั ต ข ย ิ น ด ี ต ้ อ น ร ั ก

เนื้อหา   เครื่องบิน
ที่รัก   โกรธ
ยินดีต้อนรั   ความผิด
เรืองแสง   ฝูง
งานแต่งงาน   พ่อ
เย็น   ลูกโลก
ขั้น   ผลัก
ทางตะวันตก   ฟังก์ชัน
การจัดเรียง   หนึ่งส่วนสี่
น้ำมะนาว   พยายาม

Puzzle 8

น	ย	ร	◌ี	เ	ก	◌ั	น	ก	ว	ล	ห	ห	อ	◌์
แ	ห	จ	ต	ร	◌่	ภ	อ	ไ	น	ะ	ย	ย	ภ	ก
ถ	ร	ไ	อ	◌ี	เ	น	น	◌ิ	ช	ค	ฟ	◌ุ	◌ิ	ก
◌่	ไ	ง	ม	ย	ต	า	ญ	ญ	◌ิ	ร	ป	ด	ธ	◌ั
อ	◌ิ	◌้	โ	น	◌ั	◌ู	ต	◌ั	า	เ	ห	ช	า	ด
ม	บ	◌ั	◌ิ	น	อ	◌้	◌้	า	◌ี	พ	น	◌ั	น	ห
ต	◌ั	ต	น	◌ั	◌้	◌ั	ง	เ	น	ล	อ	◌่	ศ	น
◌ั	น	น	◌ิ	◌ั	ก	ม	ต	ต	ย	ง	น	ว	◌ั	◌ั
ว	ไ	ว	◌์	◌่	า	◌้	ถ	ร	น	◌็	◌์	ค	พ	ง
เ	ด	แ	ก	ร	น	ด	◌์	◌่	า	◌ั	น	ร	ท	ส
ล	ส	อ	ง	ค	ร	◌ั	◌้	ง	ว	ก	ก	า	◌์	◌ี
ย	◌ั	ห	◌ิ	ว	อ	ล	ซ	◌ั	◌ั	ง	า	ว	น	อ
ถ	อ	ด	เ	ส	◌ื	◌้	อ	ผ	◌้	า	ย	ร	◌ั	◌ั
เ	ก	◌ี	◌่	ย	ว	ข	◌้	อ	ง	อ	ร	บ	◌ั	ร

ตั้งใจ
ละครเพลง
หยุดชั่วคราว
ตู้เย็น
สองครั้ง
บันได
อภิธานศัพท์
กัด
รับรอง
เกี่ยวข้อง
หนอน
หนังสือ
ถ่อมตัวเลย
ถอดเสื้อผ้า
แกรนด์
นักเรียน
แรงโน้มถ่วง
อัตราการ
เรียน
ปริญญา

Puzzle 9

ห	า	เ	า	ซ	◌ั	ส	ค	ฟ	น	ร	◌์	น	เ	ต
ม	อ	◌ั	◌ั	ว	◌์	า	ฟ	ว	น	◌ั	จ	◌ั	ด	◌ำ
ว	ก	า	ว	ห	◌ั	ม	ว	ซ	า	ง	ม	อ	◌็	แ
ด	ด	า	ล	ฉ	ม	า	ว	ค	◌่	ม	◌ิ	◌้	ก	ห
ห	ด	ว	ช	อ	◌ั	ร	า	ห	า	อ	ส	ไ	ค	น
ม	◌ั	ต	ร	◌ั	ย	ถ	ฮ	อ	ล	ล	◌์	น	น	◌่
◌ู	ง	◌้	ห	แ	ย	ท	ส	า	า	ภ	◌ี	ด	ไ	ง
◌่	น	อ	ก	ง	ม	◌ำ	ค	◌่	◌้	ย	ช	แ	ด	จ
◌ั	◌ั	อ	ว	ซ	ก	ไ	ฟ	◌์	ว	ย	ย	น	ง	◌ี
า	◌้	ง	อ	ร	◌้	ด	◌ี	ร	ก	น	ป	◌ิ	ล	ค
◌้	น	ท	◌ี	◌่	น	◌้	◌ี	พ	ห	◌ั	ไ	ด	ว	ว
ไ	ด	◌้	เ	ส	ม	อ	ค	◌ำ	ต	อ	บ	ห	า	ร
ก	า	ร	เ	ข	◌้	า	ถ	◌ึ	ง	ย	ค	◌็	ญ	จ
เ	ก	◌ิ	ด	ข	◌้	อ	ผ	◌ิ	ด	พ	ล	า	ด	◌่

ฮอลล์
หมวดหมู่
ความสนใจ
ดังนั้น
สามารถทำได้
ความฉลาด
เกิดข้อผิดพลาด
ตำแหน่ง
กรีดร้อง
พื้นที่
ดินแดน
เด็กคน
ได้เสมอ
คำตอบ
ส่วนใหญ่
แห้ง
รัง
อาหาร
คลิป
การเข้าถึง

Puzzle 10

เ ร ื ่ อ ง พ ื ้ น บ ้ า น ส
ว ั ฒ น ธ ร ร ม ่ ว ี ห ้ ป ร
้ ว า ฐ จ ร ว ด า เ ร ื อ ิ ะ
แ น อ ั น ฟ ้ ี ส า ย เ ิ ล ว
แ ย า ร ้ ร า ก อ ่ ก พ ว ิ ่
ส บ ก อ จ า ร ุ ้ ก ก ร อ ศ า
์ า บ ต ว ุ ส ว ม ้ แ า จ ก ย
ใ น ย ว ั ก ร ะ จ ก ป ะ ร ว น
ย ไ ว ร ง ว ว ่ ิ ็ ล ฉ ิ ป ้
ต า ค ์ ุ ก อ ว ิ ไ ก ะ ง ็ ำ
ร ค ห ต ก ้ ล อ น ื ม น จ ใ อ
ห ั ว ข ้ อ ง ม ก อ า ั ้ ส ร
เ ด ิ น ไ ป ท า ง ม ก ้ ง ม ุ
เ ช ื ่ อ ใ จ น ย อ า น า ก ิ

เดินไปทาง	วัฒนธรรม
หัวข้อ	จรวด
เชื่อใจ	แบบวงกลม
เรือ	ก่อการร้าย
ยาสีฟันอัน	รัฐ
เพราะฉะนั้น	รู้
เรื่องพื้นบ้าน	ศิลปิน
แยกตัวออกมา	แปลกมาก
จริงจัง	สายรุ้ง
กระจก	สระว่ายน้ำ

Puzzle 11

ร	◌ิ	น	ส	ป	◌่	น	ย	ย	ส	ก	อ	น	ส	◌ั
ก	แ	ก	◌ั	น	า	◌ั	◌ั	ก	ว	จ	น	ม	น	ห
ล	ป	ล	ก	ป	า	◌ี	◌ั	น	ย	◌่	◌ี	ล	ฉ	เ
◌ั	ร	ม	า	◌ั	ป	ม	แ	ร	ง	จ	◌ู	ง	ไ	จ
บ	ง	◌ั	ร	ง	ซ	ร	ห	จ	ไ	ก	◌์	ด	เ	◌์
ม	ส	ช	ท	◌่	ห	ภ	◌ั	ญ	ม	◌ู	◌ั	ส	◌่	ซ
า	◌ี	ล	◌ำ	บ	ม	ห	ค	บ	◌้	ว	ย	แ	◌ิ	ม
ย	ฟ	◌ั	ต	แ	ว	ส	ว	ล	แ	า	ห	ก	◌ู	ส
ม	◌ั	น	◌ั	อ	ร	ก	จ	ก	◌้	ก	ร	◌ั	◌ั	ะ
ศ	น	◌่	ว	อ	น	◌๊	ต	น	◌ั	ง	◌้	น	ก	พ
ก	า	◌็	เ	ง	จ	อ	เ	ห	ร	◌ี	ย	ญ	า	า
ก	ย	ล	น	◌ุ	ก	◌้	า	ว	ร	◌้	า	ว	ว	น
อ	◌ิ	อ	◌้	◌่	ห	ล	◌ี	ก	เ	ล	◌ี	◌่	ย	ง
◌้	◌์	อ	น	น	ว	น	ข	อ	แ	น	ะ	น	◌ำ	ฟ

แรงจูงใจ
การทำตัวเน้น
เหรียญ
แปรงสีฟัน
กาว
ขอแนะนำ
สนามหญ้า
องุ่น
สะพาน
นักแสดง
กลับมา
ก้าวร้าว
นัก
เฉลี่ย
ริน
ปรับแก้
แบ่งปัน
ศาล
สวย
หลีกเลี่ยง

Puzzle 12

ผ	◌ิ	ด	ห	ว	◌ั	ง	เ	◌่	ร	◌้	า	น	ง	เ
ค	ว	า	ม	เ	ป	◌็	น	จ	ร	◌ิ	ง	◌ั	ป	ฟ
ก	ท	เ	ห	◌็	น	ด	◌้	ว	ย	◌ั	◌ั	ท	◌ั	อ
า	ว	◌ั	ว	ร	ค	ไ	ม	◌ี	◌่	ม	ไ	เ	จ	ร
ก	ม	น	◌่	◌ิ	◌ุ	น	ช	ท	◌้	ค	◌ั	ม	จ	◌์
า	า	◌ั	ไ	ว	ณ	ก	น	ซ	อ	ช	น	◌็	◌ุ	น
◌้	ร	ร	ช	จ	ย	ร	ฟ	ฟ	ต	ง	◌์	ก	บ	◌ิ
น	◌์	ต	◌ั	ไ	า	ค	◌้	น	ห	า	แ	น	◌ั	เ
ห	ค	ห	ว	อ	ย	เ	ส	◌ี	ย	ง	ร	ด	น	จ
◌ั	จ	◌ั	◌ู	พ	ร	◌่	า	เ	ร	◌ิ	ง	ค	ง	อ
เ	ป	ล	◌่	ง	ป	ร	ะ	ก	า	ย	ว	◌ี	า	ร
ก	า	ร	ว	◌ิ	เ	ค	ร	า	ะ	ห	◌์	◌่	ย	◌์
เ	ก	ช	◌้	◌ี	ว	◌ั	◌ั	ห	น	◌ั	ส	◌ั	น	ว
ท	ด	ส	อ	บ	ไ	ส	ซ	ซ	ว	ค	ด	ก	ม	◌้

นัทเม็ก
ร่าเริง
กวนใจ
มาร์ค
ทองแดง
ผิดหวัง
หน้ากาก
เปล่งประกาย
เห็นด้วย
คุณยาย

การวิเคราะห์
ความเป็นจริง
เสียง
ทดสอบ
ค้นหา
ทั่ว
เฟอร์นิเจอร์
ปัจจุบัน
พอใจ
ไม่มีใคร

Puzzle 13

ข	อ	ผ	◌่	า	น	า	ญ	ญ	◌ั	ส	◌ิ	เ	◌ั	ไ
ท	า	ง	เ	ข	◌้	า	ช	ค	◌ั	◌่	ถ	ง	◌ิ	◌ั
ง	ส	◌ู	ม	า	ว	ค	บ	◌ั	ด	ะ	ร	า	ย	ฟ
แ	ล	ก	เ	ป	ล	◌ี	◌่	พ	◌์	จ	ม	ย	น	า
แ	น	ว	ม	ว	ก	อ	◌ิ	เ	ย	ห	ว	า	น	◌ี
แ	ต	ง	า	น	ห	ร	อ	ค	ก	◌ั	ง	ช	◌ำ	า
อ	บ	ก	◌ั	า	◌่	ท	เ	◌้	น	◌ิ	◌ึ	ก	น	◌ู
ง	ท	◌้	ห	ภ	ช	ล	อ	ก	ย	ฟ	ถ	◌ู	◌้	ห
เ	ผ	◌ิ	◌ั	◌ั	ส	า	ก	◌ั	ร	◌ั	ย	ล	ย	น
จ	◌ั	า	ว	ภ	ก	ส	ภ	า	พ	อ	า	ก	า	ศ
◌ิ	ก	น	ซ	ล	ภ	ย	ร	ว	ย	◌่	ม	ม	◌่	ย
◌้	ก	ว	น	◌ั	◌ิ	ซ	◌ิ	า	ร	ช	ห	◌่	ว	◌์
ล	น	จ	อ	น	ซ	ป	น	◌์	◌ิ	ห	◌้	◌์	อ	า
ง	า	น	เ	ต	◌้	น	ร	◌ำ	น	น	น	จ	ไ	า

งานเต้นรำ
ทิวลิป
แลกเปลี่
สัญญา
คัพเค้ก
ขอผ่าน
แตกหัก
แองเจิ้ล
ทางเข้า
หมายถึง

งานหรอ
สภาพอากาศ
ลูกชาย
หวาน
ผัก
ระดับความสูง
ยาง
เท่ากับ
สถานี
ว่ายน้ำ

Puzzle 14

ภ	ค	ท	◌่	า	น	ค	ร	◌ั	บ	น	น	อ	เ	โ
ม	ฟ	◌ุ	จ	ร	ร	บ	ะ	จ	า	◌ั	◌ิ	อ	อ	ถ
◌๊	◌ิ	◌ิ	ณ	ข	อ	ง	ไ	ค	ร	ก	น	◌ั	า	ง
อ	ล	ม	◌ั	ภ	ย	ซ	แ	ต	◌่	ภ	ส	า	ช	ท
◌ั	น	ภ	ล	ย	า	ย	◌ึ	◌๊	น	◌็	◌ิ	น	น	า
ค	น	ก	◌ั	ด	า	พ	เ	◌่	า	น	ย	ส	ะ	ง
อ	◌ั	เ	◌้	เ	ห	ต	า	ร	ง	◌้	◌์	า	◌ิ	เ
ก	◌้	อ	น	ห	◌ิ	น	◌ั	◌ั	ว	น	พ	ศ	ก	ด
ค	ด	ม	◌่	ม	ม	ก	◌ิ	ว	น	ม	◌ั	ง	ไ	◌ิ
ง	ไ	บ	◌ี	ภ	ม	◌ั	ป	◌ู	ต	◌่	ร	◌่	◌ั	น
า	น	า	ล	◌็	น	อ	ซ	ร	◌่	น	ท	ร	น	อ
ค	◌ั	ส	ค	พ	ฤ	ต	◌ิ	ก	ร	ร	ม	ค	◌ี	ซ
◌่	ท	◌ิ	เ	ป	◌็	น	ไ	ป	ไ	ด	◌้	เ	◌่	ช
ค	ว	า	ม	ป	ร	า	ร	ถ	น	า	ส	ร	◌ุ	ป

ทรัพย์สิน
คางคก
ก้อนหิน
สรุป
ทันใดนั้น
พฤติกรรม
แต่
คุณภาพ
จะบรรจุ
คลื่น
เคร่งศาสนา
โถงทางเดิน
เอาชนะ
ท่านครับ
ของใคร
เป็นไปได้
ตัวตน
ซึ่งนั้น
บาส
ความปรารถนา

Puzzle 15

ก	ย	อ	◌่	ห	อ	แ	ห	ล	◌่	ง	ข	◌่	า	ว
◌ิ	า	ถ	◌ู	ก	ต	◌้	อ	◌ิ	ร	จ	ช	ภ	ช	ย
◌็	◌ั	ร	ท	◌ี	◌่	ไ	ห	น	เ	◌ำ	ช	◌ั	◌่	◌่
ว	บ	ง	อ	เ	ด	น	ห	◌ำ	ก	ไ	อ	ว	ว	◌ี
◌ู	ส	อ	ว	◌่	า	ก	◌ั	อ	ซ	ด	บ	ไ	ย	ท
ต	อ	ม	◌ี	◌่	า	า	◌้	ป	◌์	◌้	ย	เ	เ	เ
ก	ต	ก	◌็	า	◌ี	น	น	พ	เ	ไ	น	◌์	ห	ป
ป	จ	ส	น	ล	◌ุ	ง	ข	อ	ง	ห	ว	ม	ล	ไ
ล	ท	ร	ม	า	น	◌ั	ว	ไ	เ	ม	ค	ย	◌ี	ก
า	◌ั	ว	◌ิ	◌์	ข	อ	ง	ช	◌ิ	◌้	น	◌ี	อ	อ
◌ั	ภ	◌้	า	น	ร	◌์	ก	อ	◌็	ก	ไ	◌ั	น	อ
ม	ส	ต	ต	ฟ	◌์	า	ข	เ	ก	ว	พ	ง	อ	ข
ว	ค	◌่	◌ิ	◌ั	ม	ว	ฟ	◌ู	ภ	น	ช	ก	ร	ต
ย	ม	ว	ว	ม	◌ี	◌้	อ	เ	ท	◌ี	◌่	ย	ง	◌ี

จำได้ไหม
ลุงของ
ถูกต้อ
วิตามิน
ฟาร์ม
คืน
กำหนดเอง
ช่วยเหลือ
แหล่งข่าว
ชอบ
ออกไปเที่ยว
ที่ไหน
ตกปลา
ของพวกเขา
ของชิ้น
บ้า
เพนนี
การอ่าน
ทรมาน
มื้อเที่ยง

Puzzle 16

ล	เ	ก	ม	อ	ช	น	ว	◌้	า	โ	ง	ส	◌ิ	ส
◌ิ	ช	น	ร	ว	ง	อ	ล	ด	ท	ร	า	ก	า	จ
◌้	ล	อ	◌ั	ศ	ว	◌ิ	น	ว	ว	ง	ว	ไ	ผ	ด
น	ล	เ	ส	◌ี	ย	ส	ล	ะ	เ	น	◌่	ก	◌้	ส
พ	◌์	ห	◌่	ก	เ	พ	◌็	ค	ส	า	ง	◌่	ก	ย
ผ	◌ิ	ล	จ	อ	ว	ล	อ	า	◌ื	ว	อ	ง	◌ั	◌ั
ม	ล	ส	ไ	น	ห	◌ั	ล	ป	◌้	ก	◌่	ว	ซ	◌ั
ผ	า	◌ั	◌ู	ส	◌้	ง	◌ิ	ย	อ	น	ช	ง	ม	จ
น	ล	◌ั	ก	จ	า	เ	เ	◌ั	โ	อ	ย	◌่	า	ง
ก	◌ิ	ก	◌้	ด	น	ล	ห	า	ค	ไ	ย	ญ	ซ	ม
ก	ย	ม	ร	า	◌ั	◌์	ร	◌ิ	◌้	จ	น	ห	น	ม
อ	า	า	จ	ะ	ก	น	◌็	ช	ท	ป	ย	ไ	◌ั	ซ
ก	า	น	า	อ	ท	ล	ส	น	◌์	น	◌ั	า	◌่	ว
ล	น	◌ั	ก	ร	อ	บ	◌ิ	ส	ต	น	น	ว	น	◌ั

ผลกระทบ
เพ็ค
ลิ้น
ช่องว่าง
ซักผ้า
เชลล์
อัศวิน
โรงนา
พิสูจน์
จาก
ผลักดัน
ลังเล
ไก่งวง
ใหญ่
เสื้อโค้ท
การทดลอง
เสียสละ
สิบ
อย่าง
ห้า

Puzzle 17

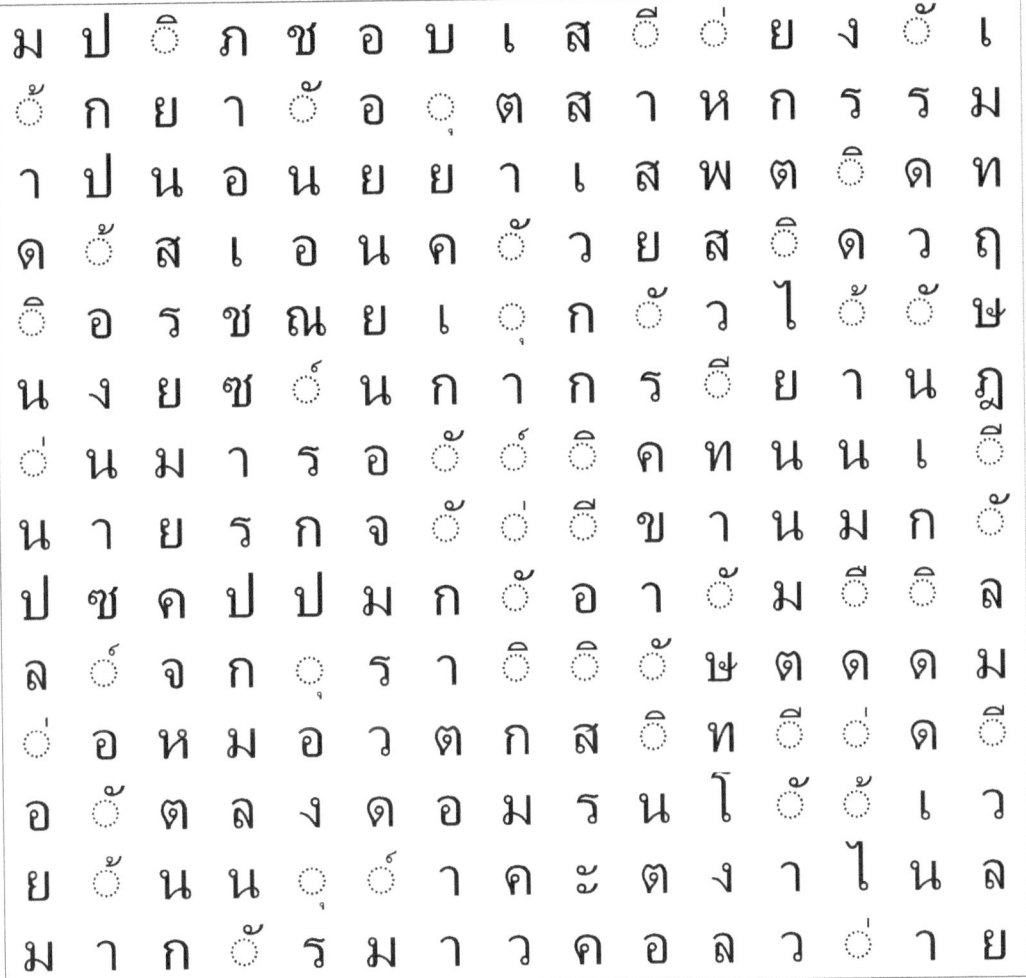

ม	ป	◌ิ	ภ	ช	อ	บ	เ	ส	◌ี	◌่	ย	ง	◌ั	เ
◌้	ก	ย	า	◌ั	อ	◌ุ	ต	ส	า	ห	ก	ร	ร	ม
า	ป	น	อ	น	ย	ย	า	เ	ส	พ	ต	◌ิ	ด	ท
ด	◌้	ส	เ	อ	น	ค	◌ั	ว	ย	ส	◌ิ	ด	ว	ฤ
◌ิ	อ	ร	ช	ณ	ย	เ	◌ุ	ก	◌ั	ว	ไ	◌้	◌ั	ษ
น	ง	ย	ซ	◌์	น	ก	า	ก	ร	◌ี	ย	า	น	ฎ
◌่	น	ม	า	ร	อ	◌ั	◌์	◌ิ	ค	ท	น	น	เ	◌ี
น	า	ย	ร	ก	จ	◌ั	◌่	◌ี	ข	า	น	ม	ก	◌ั
ป	ซ	ค	ป	ป	ม	ก	◌ั	อ	า	◌ั	ม	◌ี	◌ิ	ล
ล	◌์	จ	ก	◌ุ	ร	า	◌ิ	◌ิ	◌ั	ษ	ต	ด	ด	ม
◌่	อ	ห	ม	อ	ว	ต	ก	ส	◌ิ	ท	◌ี	◌่	ด	◌ี
อ	◌ั	ต	ล	ง	ด	อ	ม	ร	น	โ	◌ั	◌้	เ	ว
ย	◌้	น	น	◌ุ	◌์	า	ค	ะ	ต	ง	า	ไ	น	ล
ม	า	ก	◌ั	ร	ม	า	ว	ค	อ	ล	ว	◌่	า	ย

วันเกิด
ที่ดี
ปล่อย
ขี่จักรยาน
สวีท
อิสระ
ด้านมืด
ชอบเสี่ยง
ปกป้อง
ทฤษฎี
ยากมาก
ความรัก
หลุม
ดิน
ภัยคุกคาม
ยาเสพติด
อุตสาหกรรม
ลงโทษ
ม้า
อุปกรณ์

Puzzle 18

ง	◌์	◌่	◌่	เ	ห	ว	◌ั	อ	ข	เ	จ	ก	ศ	ผ
อ	ป	า	ไ	◌่	ม	ย	ว	จ	ป	อ	ม	ส	า	◌้
ต	พ	◌ู	ด	ว	◌่	า	◌ุ	ห	ว	ก	ร	◌ึ	ก	า
◌ั	อ	ไ	ว	น	◌์	◌์	ม	ด	จ	◌ู	ง	◌้	า	ม
ว	◌่	น	ก	ล	◌ั	ว	ซ	◌ั	ไ	ถ	า	◌ู	อ	◌่
◌้	◌่	ย	น	◌ั	ต	◌้	แ	◌ิ	◌ั	า	น	ร	ก	า
ร	ง	ย	◌่	◌ี	ส	เ	ม	า	ว	ค	ว	ว	อ	น
ก	า	ร	◌์	ด	◌้	ก	อ	า	◌็	า	◌ิ	ก	อ	อ
◌ั	◌่	จ	า	ง	ซ	ภ	◌่	ม	ล	ร	จ	ก	า	ก
อ	ร	จ	◌ั	ซ	◌็	ห	ซ	อ	น	น	◌ั	◌์	◌๊	อ
ท	า	ง	ห	ล	ว	ง	◌้	◌ั	ต	า	ย	ค	จ	ย
อ	ย	◌่	า	ง	ต	◌่	อ	เ	น	◌ื	◌่	อ	ง	◌ี
ข	◌้	า	ว	ส	า	ล	◌ี	ห	ไ	ซ	น	จ	เ	น
ฟ	◌ี	ฟ	ส	อ	ว	ซ	◌ั	ด	◌ี	ใ	จ	ท	◌ี	◌่

รู้สึก
การ์ด
ออกอากาศ
ข้าวสาลี
ผ้าม่าน
ตอนนี้
ความเสี่ยง
ซ่อมแซม
ทางหลวง
ราคาถูก
ขอร้อ
พูดว่า
กลัว
หยุด
งานวิจัย
ดีใจที่
ตั้ง
ยืน
ไวน์
อย่างต่อเนื่อง

Puzzle 19

ป	ข	น	ซ	ต	น	ท	แ	ว	ต	◌ั	น	◌็	ป	เ
◌ั	◌ี	ป	◌ี	ศ	า	จ	ป	ว	◌ั	ก	◌ิ	เ	ย	ช
ญ	◌้	ห	น	◌ำ	เ	ข	◌้	า	◌ั	ค	◌ิ	ส	น	◌ี
ห	ข	ป	◌๊	ง	เ	อ	อ	◌่	ก	น	◌่	ล	◌ั	◌้
า	ล	ค	◌่	ถ	ก	ร	า	ข	ส	ห	◌้	◌็	ซ	อ
ส	า	จ	า	◌ึ	ม	อ	น	ว	พ	ร	ม	จ	ร	พ
ต	ด	ว	เ	ด	ส	ว	น	อ	◌ุ	ห	ห	ม	ว	ร
ล	◌ั	เ	ซ	◌ิ	◌์	จ	เ	ม	ด	ธ	ไ	◌ั	◌ี	ะ
◌ิ	อ	◌ิ	ก	ค	◌้	น	พ	บ	ค	ร	ฟ	ด	ม	ว
◌้	ส	ย	◌ั	ไ	ก	ไ	น	◌ิ	ก	ว	ไ	ม	ซ	ง
เ	จ	◌้	า	ต	◌ุ	◌๊	ก	ต	า	ห	◌ิ	ม	ะ	ศ
ย	น	จ	า	ง	จ	ก	ถ	ก	า	ไ	ไ	น	◌ิ	◌์
า	ก	แ	ร	ง	ง	า	น	า	ก	ก	ป	ค	ม	ย
ก	◌ำ	ล	◌ั	ง	ส	◌่	ง	◌์	ม	◌่	ช	ห	ร	อ

ไฟไหม้
ขี้ขลาด
ปัญหา
ใคร
ไก่
กำลังส่ง
คิดถึง
ปีศาจ
ข่าว
เจ้าตุ๊กตาหิมะ
ถาม
เกมส์
ค้นพบ
เชื้อพระวงศ์
เป็นตัวแทน
พรม
อาวุธ
เสล็จ
นำเข้า
แรงงาน

Puzzle 20

◌ั	ไ	ฟ	ด	ล	ท	เ	ก	อ	◌็	ค	ต	ร	ด	บ
า	ล	น	◌ั	ง	ย	◌ี	ส	เ	า	ห	ร	า	ก	ก
ย	า	น	ง	ร	า	ค	◌่	ม	◌้	◌ุ	ค	อ	ซ	า
เ	ห	น	◌ี	◌่	อ	ย	ม	ม	น	ไ	ร	◌ั	◌ั	ร
เ	พ	◌ิ	◌่	ม	ข	◌ึ	◌้	น	◌ี	ช	ส	◌์	ห	ต
◌ั	อ	ค	น	า	ง	อ	น	ส	บ	อ	ต	า	◌้	ร
ต	ฟ	ย	ย	ข	ส	◌้	ม	ม	อ	ภ	ย	ป	จ	ว
ช	◌ี	◌่	อ	◌้	◌่	ว	ต	◌ิ	จ	ห	◌ั	◌ู	ป	จ
ม	เ	◌ั	◌่	น	ช	◌์	น	น	ท	ไ	ส	◌่	◌่	ส
ว	อ	ป	บ	◌ั	ร	ต	ป	ส	น	เ	◌่	◌้	ม	อ
ค	◌ี	น	◌ิ	ก	ม	◌ั	ล	ค	◌ั	ม	ท	ย	เ	บ
ไ	ล	น	◌ั	ง	น	ส	า	ด	◌็	ต	ก	◌็	◌ิ	ก
น	ห	ก	ก	ร	เ	ด	ร	ค	◌ี	◌่	ว	◌ั	น	ร
◌ั	เ	◌ั	ก	ต	ภ	า	ษ	า	◌ิ	อ	ม	◌์	◌์	ม

เพิ่มขึ้น
ใส่
บ่อย
ตรงกันข้าม
ตอบสนอง
มิทเท็น
ที่มีอยู่
คุ้มค่า
ดัง
บการตรวจสอบ

เหนื่อย
การหาเสียง
ปลา
ภาษา
สัตว์
ค็อกเทล
สวนสัตว์
เดรค
ชื่อ
เหลือเฟือ

Puzzle 21

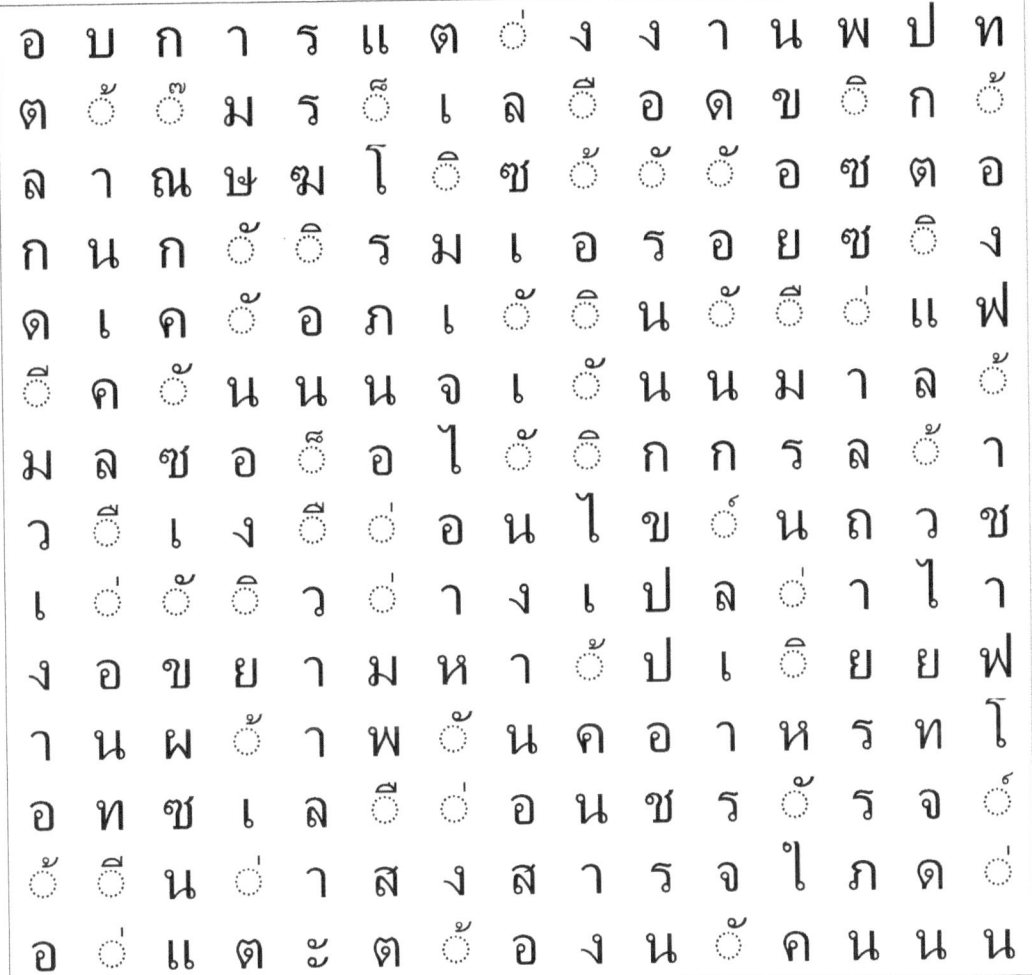

อ	บ	ก	า	ร	แ	ต	่ง	ง	ง	า	น	พ	ป	ท
ต	้	็	ม	ร	็	เ	ล	ื	อ	ด	ข	ิ	ก	้
ล	า	ณ	ษ	ฆ	โ	ิ	ซ	้	้	้	อ	ซ	ต	อ
ก	น	ก	ั	ิ	ร	ม	เ	อ	ร	อ	ย	ซ	ิ	ง
ด	เ	ค	ั	อ	ภ	เ	ั	ิ	น	ั	ื	่	แ	ฟ
ื	ค	ั	น	น	น	จ	เ	ั	น	น	ม	า	ล	้
ม	ล	ซ	อ	็	อ	ไ	้	ิ	ก	ก	ร	ล	้	า
ว	ื	เ	ง	ื	่	อ	น	ไ	ข	์	น	ถ	ว	ช
เ	่	ั	ิ	ว	่	า	ง	เ	ป	ล	่	า	ไ	า
ง	อ	ข	ย	า	ม	ห	า	้	ป	เ	ิ	ย	ย	ฟ
า	น	ผ	้	า	พ	ั	น	ค	อ	า	ห	ร	ท	โ
อ	ท	ซ	เ	ล	ื	่	อ	น	ช	ร	ั	ร	จ	์
้	ื	น	่	า	ส	ง	ส	า	ร	จ	ไ	ภ	ด	่
อ	่	แ	ต	ะ	ต	้	อ	ง	น	ั	ค	น	น	น

ภรรยา	ตลกดี
ท้องฟ้า	การแต่งงาน
โฆษณา	เงื่อนไข
บ้านเคลื่อนที่	รถไฟ
ปกติแล้ว	อเมริกัน
ว่างเปล่า	เป้าหมายของ
โทรหา	เลือด
แตะต้อง	ผ้าพันคอ
ขอยืม	น่าสงสาร
พิซซ่า	เลื่อน

Puzzle 22

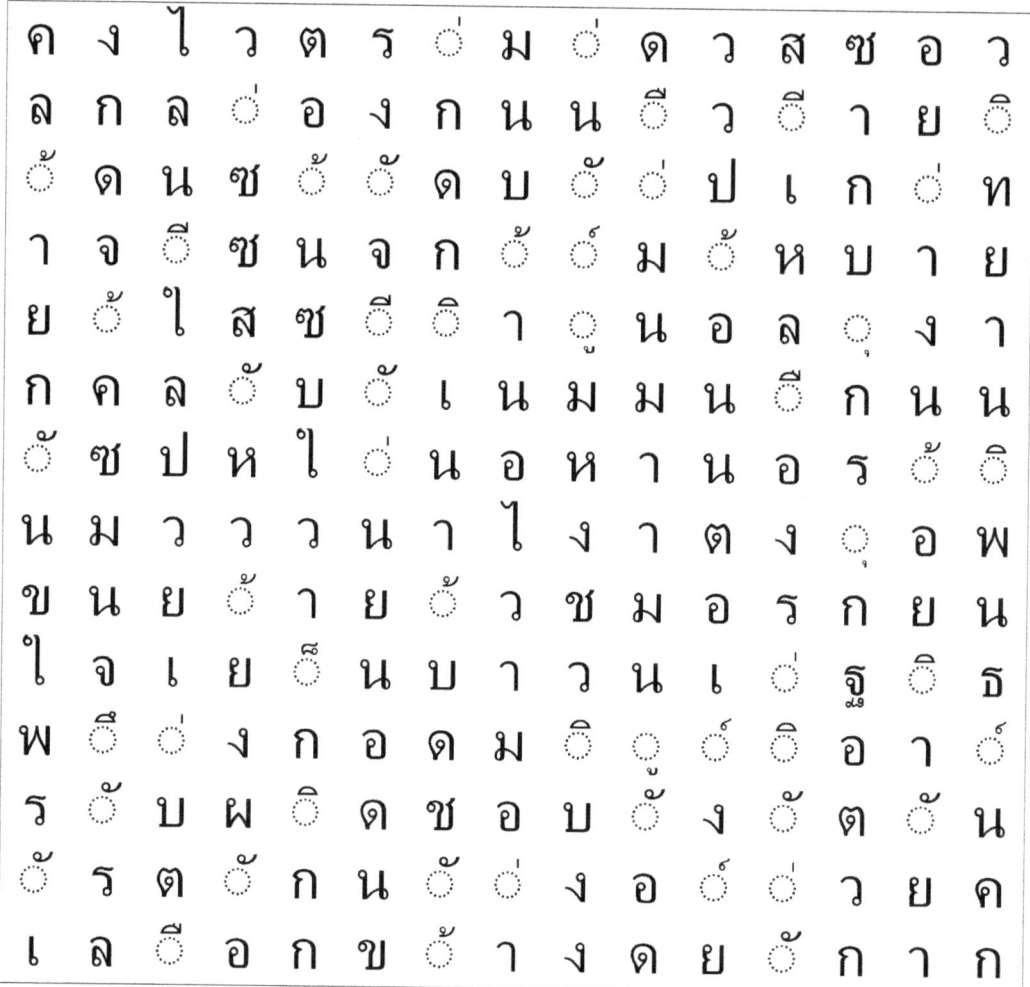

ค	ง	ไ	ว	ต	ร	◌่	ม	◌่	ด	ว	ส	ซ	อ	ว
ล	ก	ล	◌่	อ	ง	ก	น	น	◌ี	ว	◌ี	า	ย	◌ิ
◌ั	ด	น	ซ	◌้	◌ั	ด	บ	◌ั	◌่	ป	เ	ก	◌่	ท
า	จ	◌ี	ซ	น	จ	ก	◌้	◌์	ม	◌้	ห	บ	า	ย
ย	◌้	ไ	ส	ซ	◌ี	◌ิ	า	◌ู	น	อ	ล	◌ุ	ง	า
ก	ค	ล	◌ั	บ	◌ั	เ	น	ม	ม	น	◌ี	ก	น	น
◌ั	ซ	ป	ห	ไ	◌่	น	อ	ห	า	น	อ	ร	◌้	◌ิ
น	ม	ว	ว	ว	น	า	ไ	ง	า	ต	ง	◌ุ	อ	พ
ข	น	ย	◌้	า	ย	◌้	ว	ช	ม	อ	ร	ก	ย	น
ใ	จ	เ	ย	◌็	น	บ	า	ว	น	เ	◌่	ฐ	◌ิ	ธ
พ	◌ึ	◌่	ง	ก	อ	ด	ม	◌ิ	◌ู	◌์	◌ิ	อ	า	◌์
ร	◌ั	บ	ผ	◌ิ	ด	ช	อ	บ	◌ั	ง	◌ั	ต	◌ั	น
◌ั	ร	ต	◌ั	ก	น	◌ั	◌่	ง	อ	◌์	◌่	ว	ย	ค
เ	ล	◌ี	อ	ก	ข	◌้	า	ง	ด	ย	◌ั	ก	า	ก

เลือกข้าง
วิทยานิพนธ์
กล่อง
คล้ายกัน
สีเหลือง
ใจเย็น
บ้าน
ขนย้าย
นั่ง
รับผิดชอบ
พึ่งกอด
บ้านเกิด
ดื่มนม
มาตรฐาน
บุกรุก
ซันไชน์
ป้อน
คลับ
หมู
อย่างน้อย

Puzzle 23

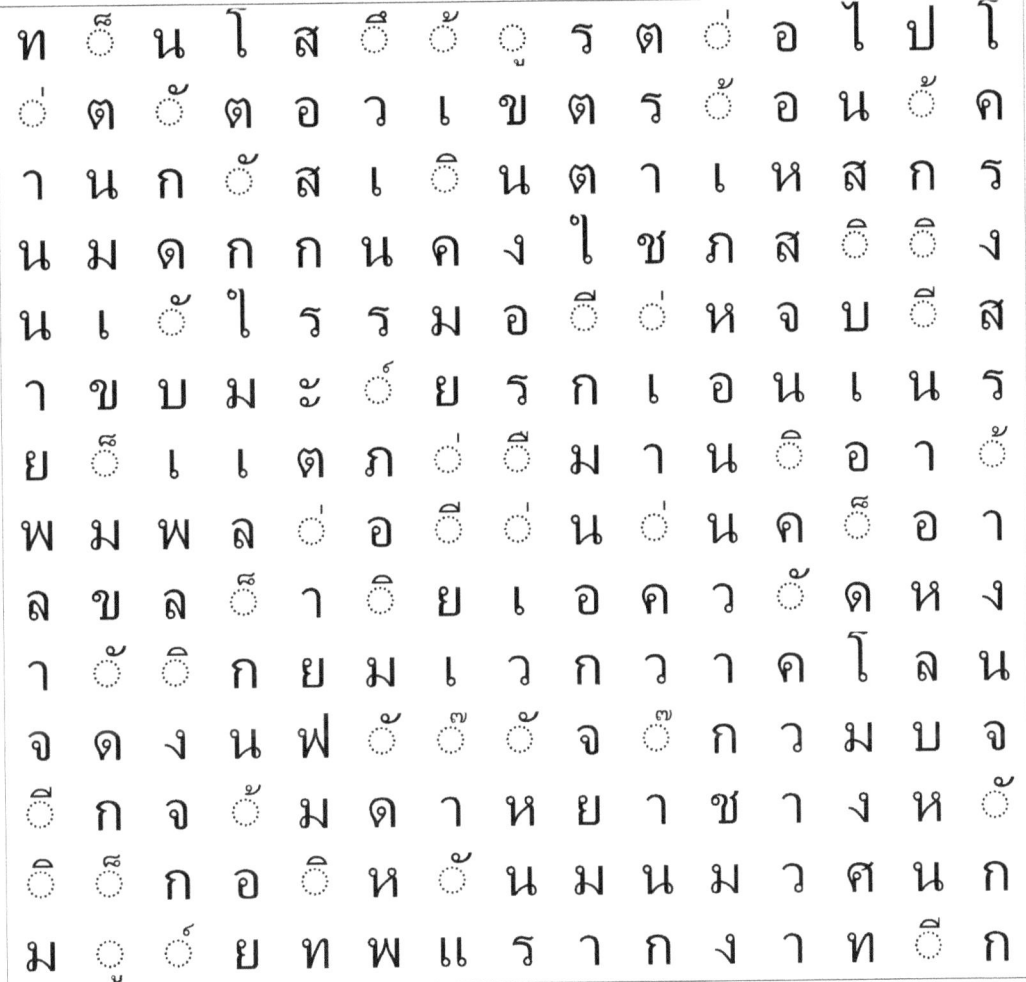

ท	◌็	น	โ	ส	◌ื	◌้	◌ู	ร	ต	◌่	อ	ไ	ป	โ
◌่	ต	◌ั	ต	อ	ว	เ	ข	ต	ร	◌้	อ	น	◌้	ค
า	น	ก	◌ั	ส	เ	◌ิ	น	ต	า	เ	ห	ส	ก	ร
น	ม	ด	ก	ก	น	ค	ง	ไ	ช	ภ	ส	◌ิ	◌ิ	ง
น	เ	◌ั	ไ	ร	ร	ม	อ	◌ี	◌่	ห	จ	บ	◌ี	ส
า	ข	บ	ม	ะ	◌์	ย	ร	ก	เ	อ	น	เ	น	ร
ย	◌็	เ	เ	ต	ภ	◌่	◌ี	ม	า	น	◌ิ	อ	า	◌้
พ	ม	พ	ล	◌่	อ	◌ี	◌่	น	◌่	น	ค	◌็	อ	า
ล	ข	ล	◌็	า	◌ิ	ย	เ	อ	ค	ว	◌ั	ด	ห	ง
า	◌ั	◌ิ	ก	ย	ม	เ	ว	ก	ว	า	ค	โ	ล	น
จ	ด	ง	น	ฟ	◌ั	◌๊	◌ั	จ	◌๊	ก	ว	ม	บ	จ
◌ี	ก	จ	◌้	ม	ด	า	ห	ย	า	ช	า	ง	ห	◌ั
◌ิ	◌็	ก	อ	◌ิ	ห	◌ั	น	ม	น	ม	ว	ศ	น	ก
ม	◌ู	◌์	ย	ท	พ	แ	ร	า	ก	ง	า	ท	◌ี	ก

รู้สึ
กระต่าย
ค่าเช่า
ต่อไป
ทางการแพทย์
สวิง
โอเค
โครงสร้าง
สิบเอ็ดโมง
หัวเรื่อง
เข็มขัด
หลบหนี
ท่านนายพล
เกรย์
ชายหาด
เยี่ยม
เขตร้อน
อวกาศ
เล็กน้อย
นักดับเพลิง

Puzzle 24

ง	ห	น	ั	ง	ว	ค	ว	า	ม	ท	ร	ง	จ	ำ
อ	ั	ป	ย	ี	ิ	ม	ี	แ	น	ว	โ	น	้	ม
ห	ก	ร	ห	น	ก	อ	ื	ล	เ	า	ก	ม	ย	ท
่	อ	ห	ย	ก	ฤ	ต	ั	ว	ส	ั	่	น	่	า
า	ว	น	ั	ฟ	ต	ก	า	ร	ศ	ึ	ก	ษ	า	ง
ฟ	เ	ค	ร	ื	่	อ	ง	ม	ื	อ	บ	็	ก	เ
น	ั	ร	ซ	ฟ	ั	ั	ย	๊	้	่	ก	ก	ย	ห
น	้	ง	ส	ั	ต	ว	์	เ	ล	ี	้	ย	ง	น
า	ย	ำ	ด	ต	่	อ	ส	ู	้	ส	ว	ว	ภ	ี
ั	จ	ร	ห	ู	์	ั	๊	์	า	เ	ว	ั	ั	อ
ถ	อ	น	้	น	ต	แ	ก	ต	ั	๊	า	้	จ	เ
ิ	้	า	ย	ภ	ั	ด	อ	ล	ป	ง	า	่	ย	อ
ั	ิ	ำ	ี	ร	ั	ก	ด	้	า	น	ข	้	า	ง
เ	ม	ื	่	อ	เ	ร	็	ว	ๆ	น	ี	้	ห	น

วิกฤต
ฟังดู
ทางเหนือ
กาเลือก
น้ำหนัก
การศึกษา
ด้านข้าง
เสี่
อย่างปลอดภัย
ความทรงจำ

มีแนวโน้ม
ต่อสู้
เจ้าตั๊กแตนน้อ
ตัวสั่น
เก็บ
เมื่อเร็วๆนี้
สัตว์เลี้ยง
ถ้ำ
เครื่องมือ
งหนัง

Puzzle 25

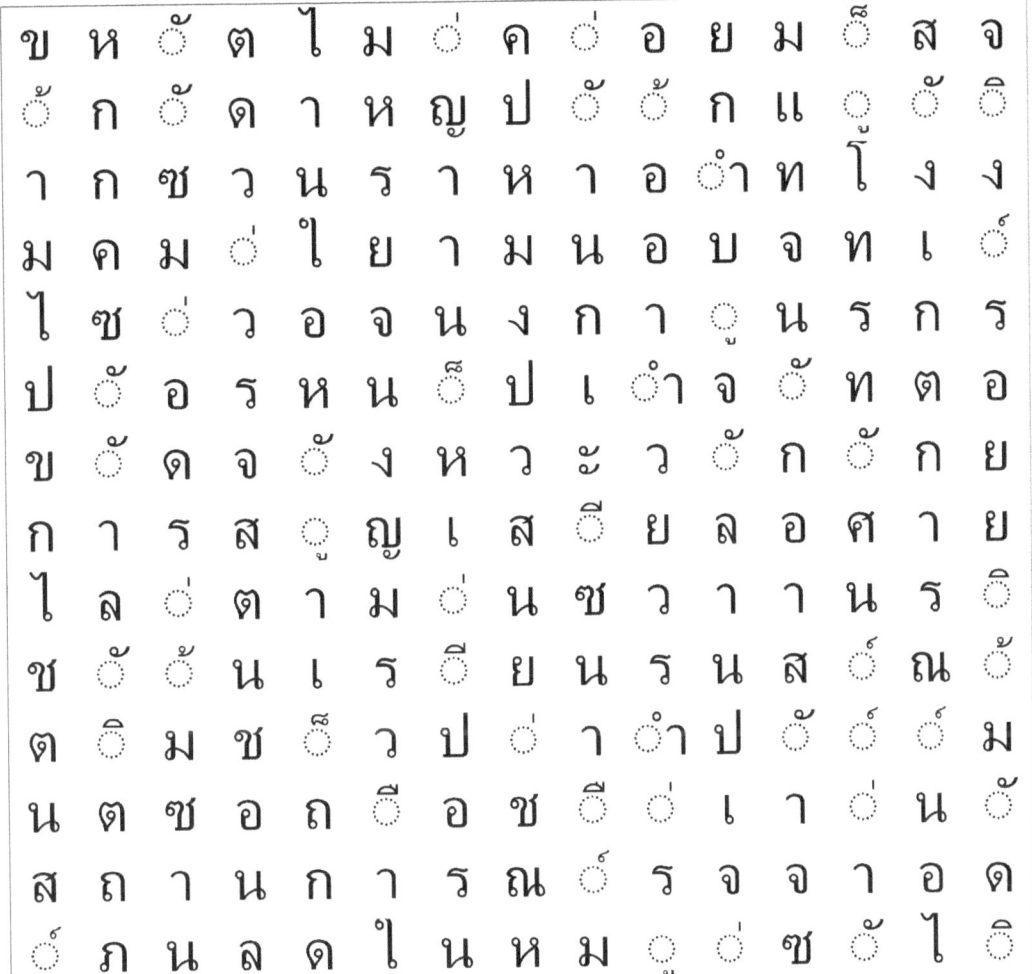

ข	ห	◌ั	ต	ไ	ม	◌่	ค	◌่	อ	ย	ม	◌็	ส	จ
◌้	ก	◌ั	ด	า	ห	ญ	ป	◌ั	◌้	ก	แ	◌ู	◌ั	◌ิ
า	ก	ซ	ว	น	ร	า	ห	า	อ	◌ำ	ท	โ	ง	ง
ม	ค	ม	◌่	ไ	ย	า	ม	น	อ	บ	จ	ท	เ	◌์
ไ	ซ	◌่	ว	อ	จ	น	ง	ก	า	◌ู	น	ร	ก	ร
ป	◌ั	อ	ร	ห	น	◌็	ป	เ	◌ำ	จ	◌ั	ท	ต	อ
ข	◌ั	ด	จ	◌ั	ง	ห	ว	ะ	ว	◌ั	ก	◌ั	ก	ย
ก	า	ร	ส	◌ู	ญ	เ	ส	◌ี	ย	ล	อ	ศ	า	ย
ไ	ล	◌่	ต	า	ม	◌่	น	ซ	ว	า	า	น	ร	◌ิ
ช	◌ั	◌้	น	เ	ร	◌ี	ย	น	ร	น	ส	◌์	ณ	◌้
ต	◌ิ	ม	ช	◌็	ว	ป	◌่	า	◌ำ	ป	◌ั	◌์	◌์	ม
น	ต	ซ	อ	ถ	◌ื	อ	ช	◌ื	◌่	เ	า	◌่	น	◌ั
ส	ถ	า	น	ก	า	ร	ณ	◌์	ร	จ	จ	า	อ	ด
◌์	ภ	น	ล	ด	ไ	น	ห	ม	◌ู	◌่	ซ	◌ั	ไ	◌ิ

ไล่ตาม
โทรทัศน์
สถานการณ์
ข้ามไป
การสูญเสีย
ไม่ค่อย
ในหมู่
จูบ
รอยยิ้ม
สังเกตการณ์
ทำอาหาร
ขัดจังหวะ
หัวใจ
จำเป็นหรอ
ป่า
น่าเชื่อถือ
ชั้นเรียน
ร่ำรวย
ตารางเวลา
แก้ปัญหา

Puzzle 26

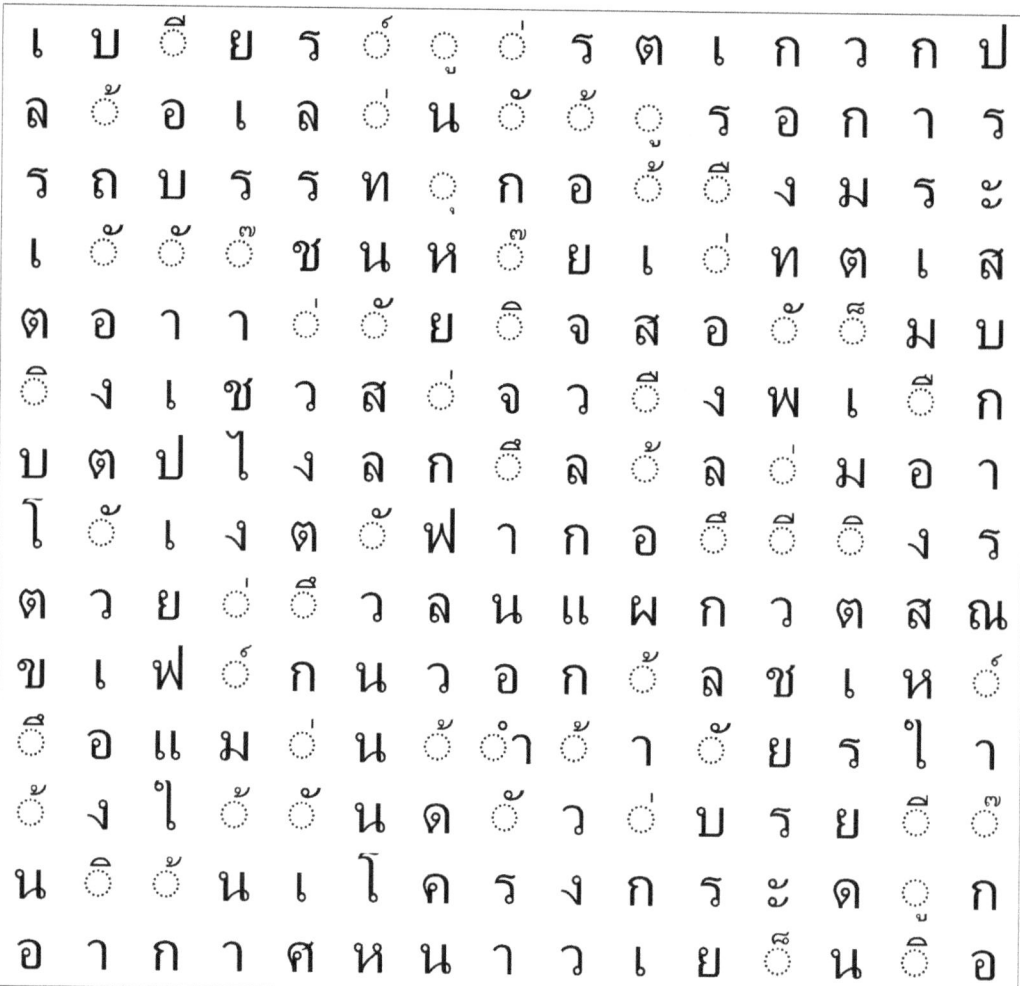

เ	บ	◌ี	ย	ร	◌์	◌ู	◌่	ร	ต	เ	ก	ว	ก	ป
ล	◌้	อ	เ	ล	◌่	น	◌ั	◌้	◌ู	ร	อ	ก	า	ร
ร	ถ	บ	ร	ร	ท	◌ุ	ก	อ	◌้	◌ี	ง	ม	ร	ะ
เ	◌ั	◌ั	◌๊	ช	น	ห	◌๊	ย	เ	◌่	ท	ต	เ	ส
ต	อ	า	า	◌่	◌ั	ย	◌ิ	จ	ส	อ	◌ั	◌็	ม	บ
◌ิ	ง	เ	ช	ว	ส	◌่	จ	ว	◌ี	ง	พ	เ	◌ี	ก
บ	ต	ป	ไ	ง	ล	ก	◌ึ	ล	◌้	ล	◌่	ม	อ	า
โ	◌ั	เ	ง	ต	◌ั	ฟ	า	ก	อ	◌ื	◌ี	◌ิ	ง	ร
ต	ว	ย	◌่	◌ื	ว	ล	น	แ	ผ	ก	ว	ต	ส	ณ
ข	เ	ฟ	◌์	ก	น	ว	อ	ก	◌้	ล	ช	เ	ห	◌์
◌ื	อ	แ	ม	◌่	น	◌้	◌ำ	◌้	า	◌ั	ย	ร	ไ	า
◌้	ง	ไ	◌้	◌ั	น	ด	◌ั	ว	◌่	บ	ร	ย	◌ี	◌๊
น	◌ิ	◌้	น	เ	โ	ค	ร	ง	ก	ร	ะ	ด	◌ู	ก
อ	า	ก	า	ศ	ห	น	า	ว	เ	ย	◌็	น	◌ิ	อ

องตัวเอง
ตู้เสื้อผ้า
รถบรรทุก
เติบโตขึ้น
แม่น้ำ
ลึกลงไป
สิ่ง
อากาศหนาวเย็น
กองทัพ
เบียร์
การเมือง
ร้อย
เรื่องลึกลับ
ล้อเล่น
เติมเต็ม
โครงกระดูก
ประสบการณ์
จิ๊ก
กแก้ว
ช่วงตึก

Puzzle 27

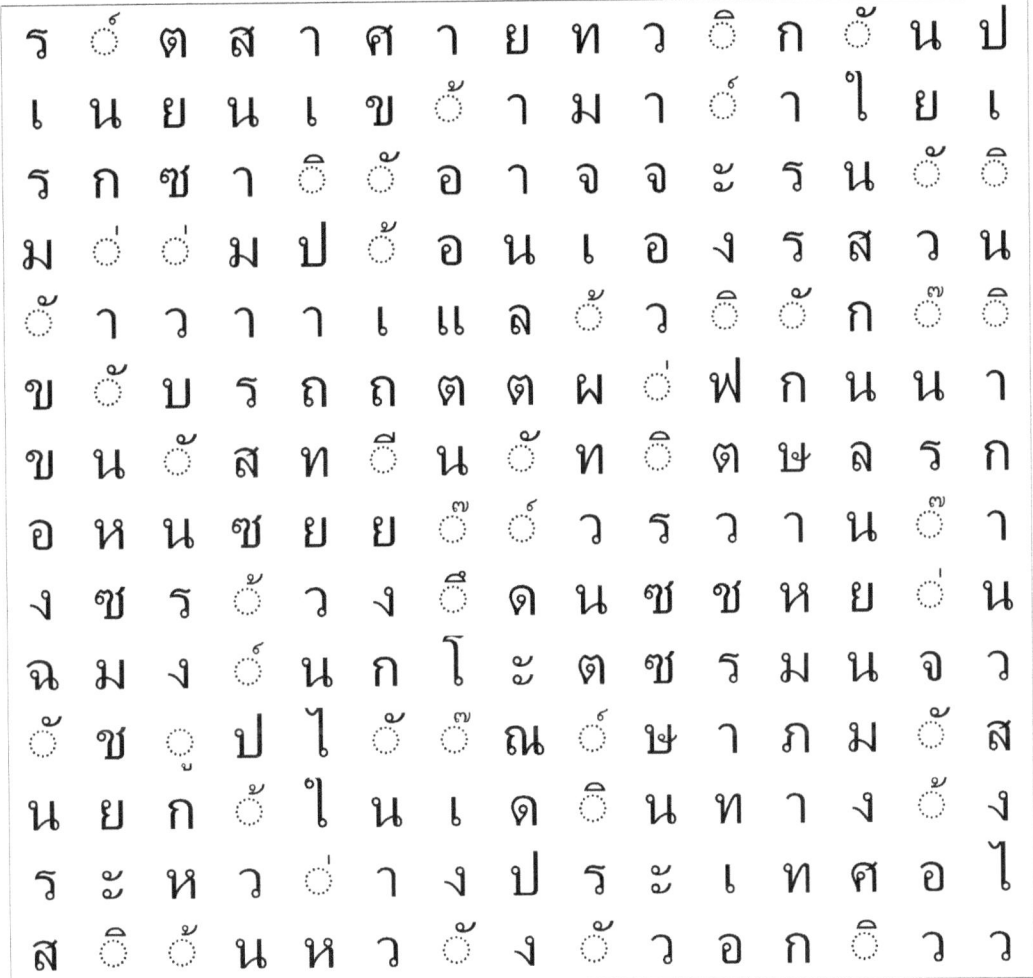

ร	◌์	ต	ส	า	ศ	า	ย	ท	ว	◌ิ	ก	◌ั	น	ป
เ	น	ย	น	เ	ข	◌้	า	ม	า	◌์	า	ไ	ย	เ
ร	ก	ซ	า	◌ิ	◌ั	อ	า	จ	จ	ะ	ร	น	◌ั	◌ิ
ม	◌่	◌่	ม	ป	◌้	อ	น	เ	อ	ง	ร	ส	ว	น
◌ั	า	ว	า	า	เ	แ	ล	◌้	ว	◌ิ	◌ั	ก	◌็	◌ิ
ข	◌ั	บ	ร	ถ	ถ	ต	ต	ผ	◌่	ฟ	ก	น	น	า
ข	น	◌ั	ส	ท	◌ี	น	◌ั	ท	◌ิ	ต	ษ	ล	ร	ก
อ	ห	น	ซ	ย	ย	◌็	◌์	ว	ร	ว	า	น	◌็	า
ง	ซ	ร	◌้	ว	ง	◌ื	ด	น	ซ	ช	ห	ย	◌่	น
ฉ	ม	ง	◌์	น	ก	โ	ะ	ต	ซ	ร	ม	น	จ	ว
◌ั	ช	◌ู	ป	ไ	◌ั	◌็	ณ	◌์	ษ	า	ภ	ม	◌ั	ส
น	ย	ก	◌้	ไ	น	เ	ด	◌ิ	น	ท	า	ง	◌้	ง
ร	ะ	ห	ว	◌่	า	ง	ป	ร	ะ	เ	ท	ศ	อ	ไ
ส	◌ิ	◌้	น	ห	ว	◌ั	ง	◌ั	ว	อ	ก	◌ิ	ว	ว

เถียงกัน
สัมภาษณ์
ป้อนเอง
สิ้นหวัง
อาจจะ
การรักษา
ระหว่างประเทศ
ตะโกน
เข้ามา
ทันที
ดึง
เก่า
ขับรถ
แล้ว
ผิวหนัง
เดินทาง
นักวิทยาศาสตร์
ของฉัน
สวน
สนาม

Puzzle 28

จ	เ	ว	เ	◌ั	ซ	◌ั	◌ิ	ม	อ	ร	◌ั	ร	ม	พ
◌ั	ข	ง	ว	ร	น	◌๊	า	า	◌๊	◌ั	ง	◌่	◌ี	◌ู
บ	◌ั	โ	◌ิ	ไ	◌์	า	อ	า	ต	น	ด	◌ำ	ป	ด
ก	า	ค	ม	แ	น	อ	ร	ก	ซ	ต	◌ั	ร	◌ั	ค
◌ุ	ร	จ	◌ั	ว	ค	ร	◌ู	ช	◌้	า	ง	ว	ญ	◌ุ
ม	◌่	ร	ล	ม	◌ู	อ	◌้	ข	ย	า	ส	ย	ห	ย
ก	ว	จ	อ	ไ	◌ั	ซ	◌ั	ท	น	า	ง	ท	า	◌่
ส	ม	น	◌ี	พ	◌็	◌ี	น	า	ด	เ	ก	◌ี	ข	ช
◌ู	บ	ส	ม	ร	◌้	ย	น	ง	น	ภ	◌้	◌่	◌ี	ห
ง	ก	อ	ร	◌์	อ	พ	เ	พ	◌็	พ	เ	ส	◌้	ซ
ส	ว	า	ก	ท	◌ุ	ก	อ	ย	◌่	า	ง	◌ุ	อ	◌ั
◌ุ	ซ	ฟ	ร	ว	◌์	ค	ง	ส	ะ	ร	ป	ด	า	น
ด	◌ี	◌ั	ร	อ	◌่	◌ี	ท	ะ	ณ	ข	น	ไ	ย	อ
ด	อ	ย	◌้	า	ซ	า	ว	จ	ไ	ม	◌์	น	เ	จ

ทุกอย่าง
วงโคจร
ขี้อาย
สูงสุด
ช้าง
มีปัญหา
สายข้อมูล
ครู
เพ็พเพอร์
ชาย
เข้าร่วม
ดประสงค์
จับกุม
ทาง
บอกว่า
การอ
แวมไพร์
ในขณะที่
พูดคุย
ร่ำรวยที่สุด

Puzzle 29

ถ	◌ู	ก	ต	◌้	อ	ง	◌้	◌ั	ร	ค	ง	า	บ	โ
น	อ	า	ล	ว	เ	◌ั	อ	◌ั	น	ง	ค	ย	ข	ร
ร	จ	ซ	ร	◌ั	ก	ส	ล	อ	ก	ต	ะ	◌ิ	อ	ง
ร	ไ	อ	◌ำ	น	า	จ	◌้	ย	ไ	◌ั	แ	น	ง	เ
า	ม	◌ั	◌ั	า	า	◌์	ก	น	◌ิ	◌้	น	ป	ร	ร
ค	◌ิ	ณ	◌ั	◌็	ข	◌ิ	ไ	า	ข	ก	น	ฏ	ถ	◌ี
ง	◌ู	บ	◌์	◌ั	อ	◌์	◌่	จ	ง	อ	◌่	◌ิ	ช	ร
อ	ภ	ช	ท	แ	บ	ป	◌ู	ง	ค	◌ี	บ	ก	า	◌ั
◌ั	ว	◌ั	ห	ท	ป	◌๊	ย	า	ภ	ล	ต	◌ิ	อ	ส
น	า	ว	ก	ร	◌ี	ร	อ	◌้	ร	เ	ห	ร	ม	ร
◌ั	ด	น	ต	◌ิ	อ	◌่	ป	ล	ห	ร	ว	◌ิ	ว	ร
ว	น	ย	◌่	◌ิ	ย	เ	◌ิ	ร	◌์	า	ร	ย	น	ภ
ป	◌ั	ก	ห	ม	◌ุ	ด	ร	เ	◌ั	ก	ช	า	ไ	◌์
ภ	ฟ	อ	◌ิ	อ	◌่	อ	น	โ	ย	น	น	◌่	อ	◌ั

รมณ์แปรปร
บทที่
การเลือกตั้ง
เวลา
โรงเรี
อยู่ใกล้
ขอบ
ล้างจาน
วันอังคาร
ปฏิกิริยา
คะแนน
ปักหมุด
เส้นขอบ
อำนาจ
บางครั้ง
ของรถ
อ่อนโยน
ภูมิใจ
ฟันดา
ถูกต้อง

Puzzle 30

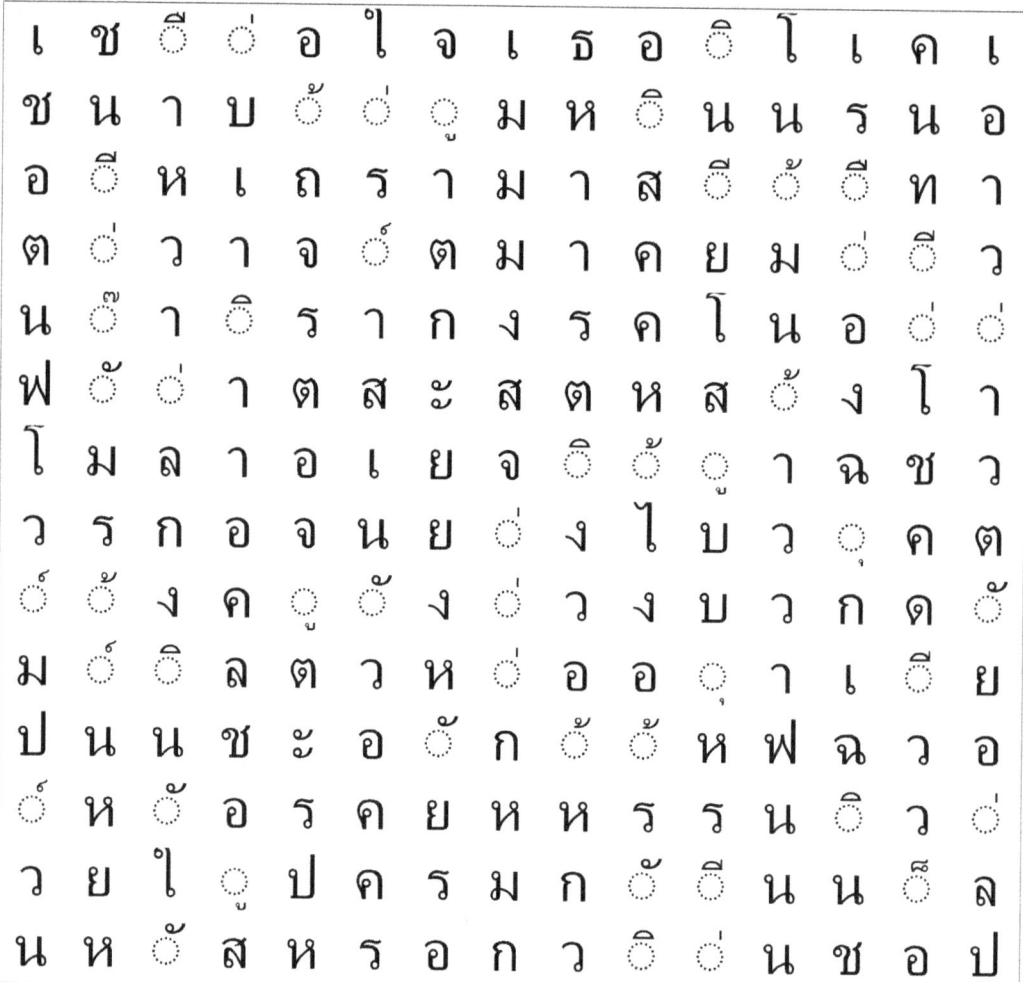

เ	ช	◌ี	◌่	อ	ไ	จ	เ	ธ	อ	◌ิ	โ	เ	ค	เ
ช	น	า	บ	◌้	◌่	◌ู	ม	ห	◌ิ	น	น	ร	น	อ
อ	◌ี	ห	เ	ถ	ร	า	ม	า	ส	◌ี	◌้	◌ี	ท	า
ต	◌่	ว	า	จ	◌์	ต	ม	า	ค	ย	ม	◌่	◌ี	ว
น	◌๊	า	◌ิ	ร	า	ก	ง	ร	ค	โ	น	อ	◌่	◌่
ฟ	◌ั	◌่	า	ต	ส	ะ	ส	ต	ห	ส	◌้	ง	โ	า
โ	ม	ล	า	อ	เ	ย	จ	◌ิ	◌้	◌ู	า	ฉ	ช	ว
ว	ร	ก	อ	จ	น	ย	◌่	ง	ไ	บ	ว	◌ุ	ค	ต
◌์	◌้	ง	ค	◌ู	◌ั	ง	◌่	ว	ง	บ	ว	ก	ด	◌ั
ม	◌์	◌ิ	ล	ต	ว	ห	◌่	อ	อ	◌ุ	า	เ	◌ี	ย
ป	น	น	ช	ะ	อ	◌ั	ก	◌้	◌้	ห	ฟ	ฉ	ว	อ
◌์	ห	◌ั	อ	ร	ค	ย	ห	ห	ร	ร	น	◌ิ	ว	◌่
ว	ย	ไ	◌ู	ป	ค	ร	ม	ก	◌ั	◌ี	น	น	◌็	ล
น	ห	◌ั	ส	ห	ร	อ	ก	ว	◌ิ	◌่	น	ช	อ	ป

ร้องไห้
โครงการ
คนที่โชคดี
หัสหรอก
ประตู
ปล่อยตัว
เจาะจง
โน้มน้าว
หมู่บ้าน
เรื่องฉุกเฉิน
วันเสาร์
เชื่อใจเธอ
ง่วง
เอาว่าว
สูบบุหรี่
สามารถ
ชีวิต
ห่อ
กล่าวหา
โรงละคร

Puzzle 31

อ	ไ	ป	า	า	ว	ม	ไ	◌์	ส	า	ม	เ	เ	ต
ก	◌์	จ	ว	ก	ก	ว	ต	เ	◌่	ม	ไ	◌็	ร	◌ั
ห	ฟ	ว	า	ร	น	◌้	◌ั	น	ก	ว	พ	เ	เ	ว
ง	ต	◌ั	ว	จ	◌ั	ด	ก	า	ร	ต	ส	ก	ม	ม
ร	ส	อ	ง	เ	ท	◌่	า	◌้	เ	◌ั	ก	◌็	ก	◌ั
ป	ฟ	ม	ต	ย	ม	◌็	◌๊	ซ	พ	ง	อ	ร	ส	น
โ	ล	ม	◌้	ว	◌้	จ	ก	น	◌ี	◌ั	ไ	ช	◌้	เ
ะ	จ	อ	◌็	◌ู	ฟ	อ	ต	า	◌่	ว	◌ู	ก	จ	อ
ร	ถ	น	ด	ห	ต	◌ั	น	ด	อ	ะ	ซ	◌ั	อ	ง
ก	อ	◌์	◌ิ	ภ	น	◌ิ	◌ั	ก	น	ร	◌ั	ก	ษ	า
◌ั	ย	า	ป	ร	◌ั	อ	ว	◌ุ	ล	า	ม	ส	ล	ง
ก	◌ิ	า	ก	า	ฟ	ย	ะ	ล	◌ั	◌ั	น	◌ั	ต	เ
◌่	จ	ค	ป	◌ั	ว	ห	ต	ป	เ	เ	บ	เ	◌่	ย
เ	จ	◌้	า	ห	◌ั	ว	ม	◌ั	น	า	ง	ไ	◌ี	◌ั

ปลอดภัย
เพื่อน
ปกปิด
ตัวมันเอง
เก็
พวกนั้น
ใช้
ปลุก
ไม่
ระวังตัวมา
ตะวันตก
ย้อนกลับ
ถอย
ตัวจัดการ
เจ้าหัวมัน
กระโปรง
รักษา
เมาส์
สองเท่า
อไป

Puzzle 32

ด	ว	น	ผ	◌ั	เ	เ	ศ	ท	เ	ะ	ร	ป	า	◌้
◌็	◌ั	เ	ส	เ	◌๊	ป	ท	า	ฟ	อ	◌๊	ร	ข	ร
ก	ส	ม	ม	ร	ล	◌์	◌้	ค	ช	ต	น	ะ	น	น
ไ	น	า	ร	ก	ไ	◌์	จ	า	โ	ภ	น	โ	แ	ไ
ม	◌ี	ส	ม	า	ธ	◌ิ	◌ำ	ไ	ห	น	ก	ย	ก	ร
ส	า	◌ิ	ก	ย	น	ด	เ	ไ	ค	ม	โ	ค	ะ	น
ะ	ภ	ต	า	พ	◌ั	อ	ป	ซ	น	ร	า	ล	น	โ
า	ไ	◌ี	ง	◌ั	◌ี	◌้	◌็	◌ั	◌ิ	ไ	ซ	ย	ย	ย
ม	ร	ป	เ	ร	น	◌็	อ	◌่	ท	ด	อ	ส	ล	◌ี
ห	◌ั	ม	ก	ท	น	ง	า	◌้	◌้	ว	ไ	ก	◌ี	ป
เ	ก	◌่	ง	◌้	ไ	ม	ช	ห	น	◌้	า	ค	เ	เ
◌่	ม	◌ื	อ	ข	อ	ง	◌ี	◌ั	น	◌ั	น	ส	อ	ห
◌ี	ว	◌็	ป	ว	ม	◌ั	พ	◌ั	◌้	ภ	ก	ซ	◌้	จ
ท	ส	ร	ว	ง	ส	ว	ร	ร	ค	◌์	◌ิ	ซ	ล	ไ

สรวงสวรรค์
เป้าหมาย
มือของ
อาชีพ
หน้า
เทคโนโลยี
กางเกง
ที่เหมาะสม
มีสมาธิ
สอดท่อ
เปียโน
ดิ์
จำเป็
ตาม
ผสม
ขนแกะ
ประโยค
ประเทศ
ล้อเลียน
ทรัพยากร

Puzzle 33

ภ	ต	ม	ก	ล	◌ำ	ด	◌ั	บ	ซ	ซ	เ	ท	◌ั	ก
◌ิ	◌ั	◌่	า	ห	ต	อ	า	อ	◌ั	◌่	ว	◌ี	ว	ว
ย	น	◌ั	ร	น	◌่	ต	◌่	◌ี	บ	อ	ก	◌่	ค	า
น	น	ร	ร	น	ซ	า	◌ั	ก	ซ	น	า	ท	ร	ต
ย	ย	น	◌้	ก	◌้	◌่	ง	◌์	◌้	ต	ร	◌ำ	◌ั	ก
ว	ห	ม	อ	◌่	◌่	ด	อ	ล	อ	◌ั	ค	ง	◌้	◌๊
◌ั	ว	◌ั	ง	น	อ	ว	◌ู	ม	น	ว	◌้	า	ง	◌ุ
◌์	ม	◌ิ	ข	ต	◌ั	น	◌ู	ไ	◌้	◌ี	น	น	น	ต
◌ิ	า	◌ั	อ	จ	น	ก	◌่	น	ย	เ	ห	อ	◌ึ	ะ
ไ	ร	ข	◌้	า	ง	ห	ล	◌ั	ง	ข	า	ย	ง	เ
ข	◌้	า	ว	ไ	◌่	ก	อ	ก	น	◌ี	◌้	◌ู	◌่	ก
ส	◌ั	ญ	ญ	า	ณ	◌ี	ม	ง	◌็	ย	◌ั	◌่	ว	◌ี
ท	◌ิ	ศ	ท	า	ง	◌ั	ว	ร	ภ	น	ค	ไ	น	ย
น	ม	◌ั	น	น	ส	บ	อ	ต	ร	า	ก	◌ู	น	ง

ตุ๊กตา
ซ่อนตัว
ห่าง
ครั้งนึง
ข้าว
สัญญาณ
การร้องขอ
ตะเกียง
ซ่อม
นั่น
ข้างหลัง
ตรงกัน
ซับซ้อน
การตอบสน
ลำดับ
ที่ทำงานอยู่
การค้นหา
ทิศทาง
เขียน
ไมล์

Puzzle 34

เ	ก	า	ร	พ	◌ั	ฒ	น	า	อ	ม	◌ั	น	ถ	น
ก	ช	ส	ก	ป	ร	ก	◌ั	เ	ก	อ	ห	จ	◌ู	◌้
เ	ศ	◌ิ	ฟ	ฟ	อ	อ	ป	ส	น	น	ช	น	ก	◌ำ
ต	ป	า	ญ	ก	◌ั	เ	ษ	ร	ร	ว	ต	ศ	ก	พ
จ	อ	◌็	ก	ช	ส	า	อ	◌็	◌ั	ส	ค	น	ฎ	◌ุ
◌ั	ส	น	น	◌ั	◌ี	◌ั	◌่	จ	ต	ง	◌็	ก	ห	ย
บ	◌ี	อ	เ	ห	ข	ส	◌ุ	ม	า	ว	ค	◌ี	ม	า
ค	ส	ว	ก	ย	◌่	ภ	า	พ	น	◌ิ	◌่	ง	า	◌ั
◌ู	◌้	ส	น	ป	◌็	ว	ไ	ย	เ	ว	ด	ว	ย	◌้
◌่	ม	◌ิ	เ	◌ั	◌ู	น	ง	า	ล	ก	ด	า	ล	ต
ถ	◌ู	ก	ท	◌ิ	◌้	ง	อ	ย	◌ู	◌่	◌่	ว	◌ิ	น
อ	◌ู	อ	เ	ป	ร	◌ี	ย	บ	เ	ท	◌ี	ย	บ	ภ
ก	ค	ว	า	ม	ท	◌ุ	ก	ข	◌์	ย	า	ก	ก	ย
เ	ช	◌ี	◌่	อ	ฟ	◌ั	ง	น	ว	น	◌ั	น	อ	ล

น้ำพุ
สวอน
การพัฒนา
ตอนเย็น
ภาพนิ่ง
ตลาดกลาง
ถูกกฎหมาย
สกปรก
เชื่อฟัง
จับคู่
เปรียบเทียบ
ศตวรรษ
เชิญ
ความทุกข์ยาก
มีความสุข
เสร็จ
เป็นห่วง
สีส้ม
ถูกทิ้งอยู่
ออฟฟิศ

Puzzle 35

ห	ม	ย	ว	ย	◌่	◌ี	ด	เ	◌๊	ฝ	ม	ว	อ	อ
ก	น	◌ั	◌ู	า	ก	ร	ม	ง	อ	◌ื	ไ	ย	ห	ง
า	ล	◌่	ว	า	ม	ว	ง	ช	ม	ก	◌ิ	น	ง	ค
เ	◌๊	◌ั	ว	ก	◌๊	ผ	จ	ย	อ	ซ	◌ิ	พ	ก	◌์
ว	ช	ไ	ว	ย	ม	น	◌ิ	น	◌ี	◌้	น	◌ั	ว	ก
◌ั	น	น	◌ั	ห	ฟ	า	ก	ด	ก	อ	ว	◌้	จ	ร
น	ก	ท	ม	อ	ร	◌๊	◌ู	น	ป	ม	◌้	◌ู	า	เ
◌้	ข	◌ี	ร	จ	◌ั	อ	อ	ก	น	ก	อ	ผ	ม	อ
อ	ย	◌่	ร	ด	◌ั	◌้	ก	ก	◌ั	ฟ	ต	อ	อ	น
ย	า	ส	ธ	อ	น	จ	า	น	ซ	◌่	ช	◌ิ	า	ส
ล	ย	◌ุ	ล	บ	ท	ค	ว	า	ม	◌์	ล	ล	บ	เ
ง	า	ด	◌ี	ต	ห	◌้	อ	ง	ส	ม	◌ุ	ด	◌์	อ
น	◌ิ	ฟ	ศ	า	ส	ต	ร	า	จ	า	ร	ย	◌์	◌้
ข	◌ี	◌้	เ	ก	◌ี	ย	จ	ภ	า	พ	ว	า	ด	ข

เบลล์
อ้วน
องค์กร
บทความ
วามผิดปกติ
ในที่สุด
กลัวหรอก
ผู้พัน
ศีลธรรม
ขี้เกียจ
วันนี้
เดี่ยว
ศาสตราจารย์
ห้องสมุด
หน่วยฟ้อกซ์
ฝึกซ้อม
น้อยลง
ข้อเสนอ
ภาพวาด
ขยาย

Puzzle 36

ค	อ	ต	◌ั	ก	เ	ง	◌ี	ย	บ	ส	ง	บ	ห	ก
ไ	◌ุ	า	◌้	◌่	น	พ	แ	า	อ	ว	◌้	◌่	◌์	ก
ว	จ	ก	◌้	อ	า	◌้	ร	ก	ะ	ต	◌ี	ย	ว	ต
า	จ	อ	ไ	ร	ง	ย	◌ั	ง	ไ	ง	ก	◌็	ต	า
เ	า	อ	ช	า	ง	ห	ซ	น	ม	ง	น	ซ	◌่	◌ิ
ก	ร	ก	◌้	ย	◌ั	ค	◌่	ก	ร	ะ	ด	า	น	◌์
◌ี	ะ	ร	เ	ล	ล	ส	◌ำ	ว	ล	◌้	แ	◌่	ช	ไ
◌่	ซ	ง	ว	ะ	พ	อ	น	ไ	ง	ย	เ	น	า	จ
ย	◌ั	น	ล	เ	ฟ	ง	ภ	ย	ห	ต	◌้	เ	ค	ม
ว	น	◌ิ	า	อ	◌ั	ส	า	ช	◌์	◌้	ไ	◌้	◌้	◌่
ก	◌ี	น	◌ั	◌ี	ป	า	ก	จ	◌ั	เ	ก	น	น	◌ิ
◌ั	◌๊	จ	◌้	ย	า	บ	◌ิ	ธ	อ	◌์	เ	า	ฟ	ว
บ	◌่	ก	จ	ด	ก	ม	ไ	ห	ล	◌่	ง	◌็	ร	ย
แ	ท	น	ท	◌ี	◌่	จ	ะ	เ	ป	◌็	น	◌่	◌ั	น

ไหล่
ใช้เวลา
เกี่ยวกับ
สองสา
แพน
อุจจาระ
รายละเอียด
กรง
เงียบสงบ
พลังงาน
คำให้การ
อธิบาย
จาน
ยังไงก็ตา
ต้องห่วง
ใช่แล้ว
ตะกร้า
แทนที่จะเป็น
กระดาน
เน่า

Puzzle 37

ป	ช	ว	ไ	ร	◌ิ	า	◌ิ	◌ั	ซ	อ	จ	ต	ก	ย
ล	◌ั	ต	ย	ก	◌์	ต	ค	ร	ย	ซ	◌่	ไ	◌ั	◌ั
◌๊	ด	ส	บ	◌ั	ญ	ช	◌ี	ผ	◌ู	◌้	ไ	ช	◌้	ว
น	เ	ง	ด	ส	◌ุ	ท	◌ี	◌่	ย	◌่	แ	◌่	◌ี	ท
ย	จ	ส	จ	◌้	◌๊	◌่	ช	ร	ง	จ	ป	ล	อ	ม
ท	น	◌ั	ว	ร	า	ก	ย	ว	น	◌ำ	อ	◌้	◌ู	ผ
น	ม	ย	ล	ก	ฟ	น	◌ั	◌ั	◌ั	ไ	ซ	น	ก	ก
ก	ซ	อ	ว	ล	ซ	า	บ	◌่	◌่	ล	◌๊	เ	า	◌่
◌ั	ย	อ	ง	ก	โ	ย	ฟ	น	◌่	ย	เ	ไ	ห	ไ
บ	น	อ	◌ั	ห	น	ฟ	น	◌่	◌ี	ท	น	า	ถ	ส
ม	ม	◌ิ	ก	ป	า	ซ	◌์	◌้	ท	◌ั	ย	ย	ก	ย
พ	◌ี	◌้	น	ฐ	า	น	ห	ร	◌ู	ห	ร	า	อ	ว
แ	น	◌่	น	อ	น	า	บ	◌้	น	อ	◌่	◌ี	พ	เ
ป	◌้	า	ย	ท	ะ	เ	บ	◌ี	ย	ร	ไ	ก	ว	ย

ด้านบน
พื้นฐาน
ปลอม
ผู้อำนวยการ
สถานที่
ป้ายทะเบียน
แน่นอน
หรูหรา
ตัว
บัญชีผู้ใช้

โซฟา
กังวล
ที่นั่ง
ยาน
ทนกับ
มองหา
เพื่อนบ้าน
สงสัย
ที่แย่ที่สุด
ชัดเจน

Puzzle 38

ข	อ	◌ู	บ	ร	ร	เ	ท	า	◌ี	แ	ม	า	อ	ว
เ	◌ั	ะ	น	ว	ย	◌๋	◌ี	ด	เ	ว	ภ	ภ	◌ิ	ป
◌้	ค	ด	ไ	ว	◌๊	น	ร	อ	ซ	น	◌๊	น	◌ี	ย
น	ว	ซ	ข	ร	น	ง	ซ	◌่	อ	ม	◌่	า	◌่	◌ั
ย	า	ต	น	ว	ก	อ	◌๊	ก	จ	ก	ก	ง	◌์	◌ั
◌้	ม	◌ั	ช	ร	า	น	ห	ว	◌ั	ต	ก	น	ก	ง
น	จ	ม	ม	◌ั	ม	ง	ช	น	◌ั	อ	◌้	◌ำ	ช	ห
จ	ร	เ	◌ั	ห	ก	แ	ส	ง	แ	ด	ด	◌์	ล	ล
ม	◌ิ	ไ	ก	น	◌ั	ค	น	ข	◌ั	บ	ร	ถ	ก	◌ั
◌ุ	ง	า	ม	◌่	น	แ	ม	บ	ะ	ร	น	ล	◌ิ	◌ิ
ค	อ	า	◌้	ญ	ห	แ	น	ว	ต	◌ั	◌้	ง	น	ซ
บ	น	เ	ค	ร	◌ี	◌่	อ	ง	บ	◌ิ	น	า	ย	น
ว	อ	◌ั	น	ก	ว	◌้	า	ง	ไ	ห	ญ	◌่	า	น
ค	ย	◌่	อ	เ	ก	◌็	บ	เ	ธ	ร	ว	◌็	ว	◌ิ

แนวตั้ง
ก๊อก
หนักมาก
อันกว้างใหญ่
บนเครื่องบิน
ขัดขวาง
ระบมแน่
ตัวหนา
หญ้า
แวน

แสงแดด
กินยา
ออกกำลั
บรรเทา
เดี๋ยวนะ
ความจริง
ควบคุม
อะไร
ย่อเก็บเธร
คนขับรถ

Puzzle 39

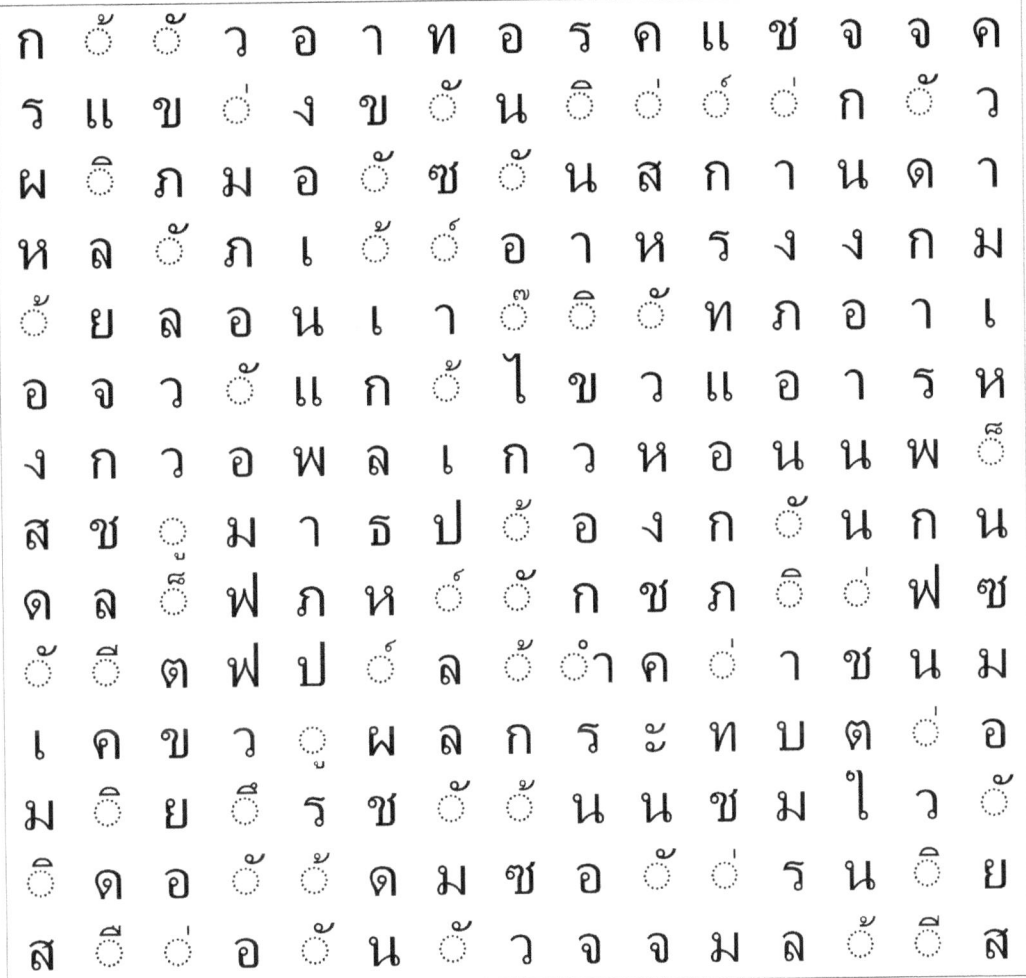

ก	◌ั	◌ั	ว	อ	า	ท	อ	ร	ค	แ	ช	จ	จ	ค
ร	แ	ข	◌่	ง	ข	◌ั	น	◌ิ	◌่	◌์	◌่	ก	◌ั	ว
ผ	◌ิ	ภ	ม	อ	◌ั	ซ	◌ั	น	ส	ก	า	น	ด	า
ห	ล	◌ั	ภ	เ	◌้	◌์	อ	า	ห	ร	ง	ง	ก	ม
◌้	ย	ล	อ	น	เ	า	◌๊	◌ิ	◌ั	ท	ภ	อ	า	เ
อ	จ	ว	◌ั	แ	ก	◌้	ไ	ข	ว	แ	อ	า	ร	ห
ง	ก	ว	อ	พ	ล	เ	ก	ว	ห	อ	น	น	พ	◌็
ส	ช	◌ู	ม	า	ธ	ป	◌้	อ	ง	ก	◌ั	น	ก	น
ด	ล	◌็	ฟ	ภ	ห	◌์	◌ั	ก	ช	ภ	◌ิ	◌่	ฟ	ซ
◌ั	◌ี	ต	ฟ	ป	◌์	ล	◌้	◌ำ	ค	◌่	า	ช	น	ม
เ	ค	ข	ว	◌ู	ผ	ล	ก	ร	ะ	ท	บ	ต	◌่	อ
ม	◌ิ	ย	◌ื	ร	ช	◌ั	◌้	น	น	ช	ม	ไ	ว	◌ั
◌ิ	ด	อ	◌ั	◌้	ด	ม	ซ	อ	◌ั	◌่	ร	น	◌ิ	ย
ส	◌ี	◌่	อ	◌ั	น	◌ั	ว	จ	จ	ม	ล	◌้	◌ี	ส

ดีขึ้น
ผลกระทบต่อ
ห้อง
ช่าง
แครอท
รูปภาพ
ความเห็น
แทรก
คิด
จัดการ
สื่อ
ป้องกัน
ล้ำค่า
อิสรภาพ
ชั้น
แก้ไข
ผลลัพธ์
หัว
รแข่งขัน
อัน

Puzzle 40

อ	ไ	ย	อ	◌่	ก	เ	น	แ	◌ั	น	ก	◌ิ	◌ี	จ
ว	ม	อ	ไ	◌้	◌ั	ซ	ซ	ถ	ไ	◌ี	◌ั	ช	ร	◌ิ
◌ั	◌่	ง	◌ั	น	ห	ม	า	ว	ก	า	อ	อ	◌ั	ก
น	น	ว	ก	◌็	◌่	ด	า	ข	ก	◌ี	ฉ	ส	า	า
ศ	◌่	น	เ	ด	ซ	◌ี	◌่	ไ	เ	◌ั	เ	ช	น	ร
◌ุ	า	ล	◌ั	เ	ส	ว	ไ	◌ิ	ว	ก	ห	อ	ก	ผ
ก	จ	◌ั	ภ	ะ	ต	า	า	ห	ว	◌็	ว	ก	ไ	ล
ร	ะ	ม	ว	ร	ล	ผ	ม	า	◌ู	ล	ง	พ	ด	◌ิ
◌์	า	ภ	ย	ป	น	ก	น	◌ี	อ	เ	◌ั	ง	◌ั	ต
ค	ว	า	ม	เ	ร	◌็	ว	ม	น	น	ย	ส	ส	◌ั
แ	ย	ก	ก	◌ั	น	ข	อ	บ	ค	◌ุ	ณ	◌ู	น	ก
เ	ล	ข	า	น	◌ุ	ก	า	ร	ห	ก	ม	ม	◌่	◌ั
เ	ย	น	◌้	น	◌ั	◌์	ป	ก	น	อ	า	ค	น	น
ว	อ	จ	ก	า	ร	จ	◌ั	ด	ก	า	ร	◌ั	า	ก

การผลิต
ความเร็ว
เล็ก
ไม่น่าจะ
แถว
ได้
ขอบคุณ
สามี
ประเด็น
พวกเขา
เดซี่
ผลรวม
การจัดการ
วันศุกร์
ยัง
ยู่
เลขานุการ
หมา
ฉีกขาด
แยกกัน

Puzzle 41

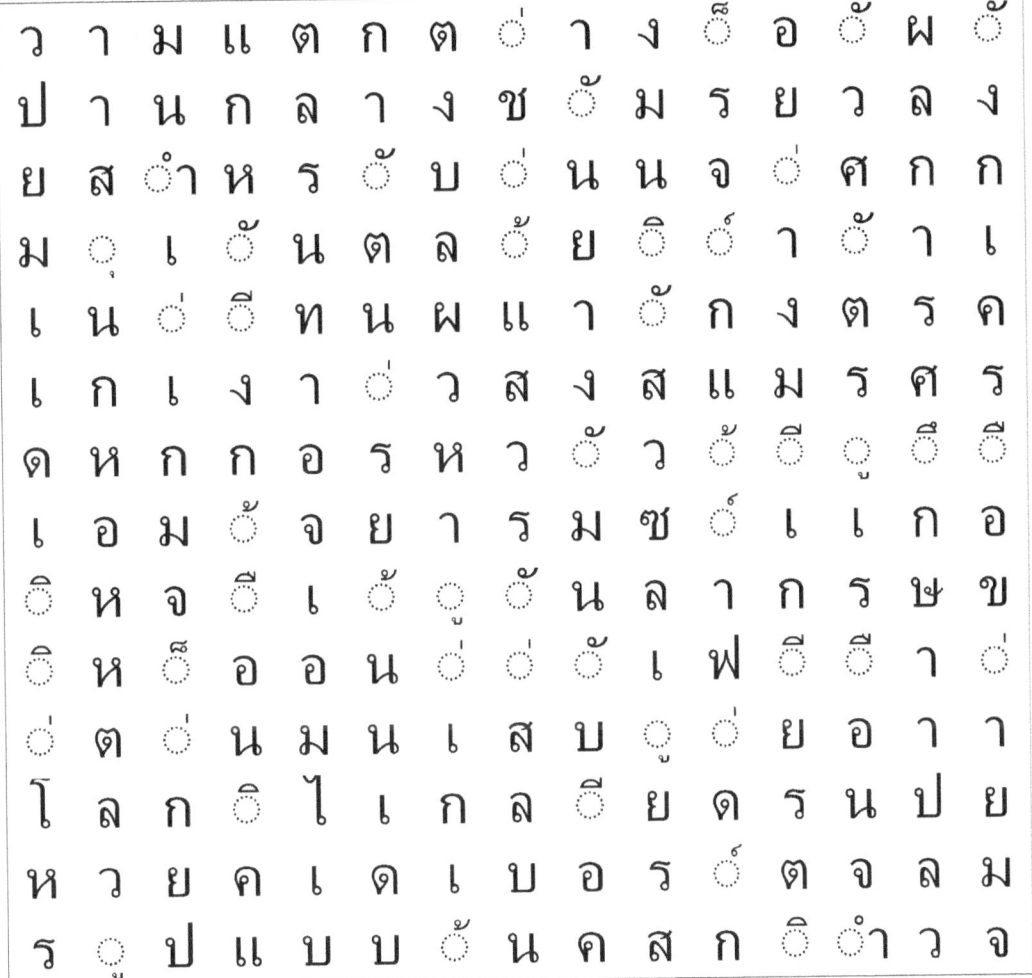

ว	า	ม	แ	ต	ก	ต	◌่	า	ง	◌็	อ	◌ั	ผ	◌ั
ป	า	น	ก	ล	า	ง	ช	◌ั	ม	ร	ย	ว	ล	ง
ย	ส	◌ำ	ห	ร	◌ั	บ	◌่	น	น	จ	◌่	ศ	ก	ก
ม	◌ุ	เ	◌ั	น	ต	ล	◌้	ย	◌ิ	◌์	า	◌ั	า	เ
เ	น	◌่	◌ี	ท	น	ผ	แ	า	◌ั	ก	ง	ต	ร	ค
เ	ก	เ	ง	า	◌่	ว	ส	ง	ส	แ	ม	ร	ศ	ร
ด	ห	ก	ก	อ	ร	ห	ว	◌ั	ว	◌้	◌ี	◌ู	◌ื	◌ี
เ	อ	ม	◌้	จ	ย	า	ร	ม	ซ	◌์	เ	เ	ก	อ
◌ิ	ห	จ	◌ี	เ	◌้	◌ู	◌ั	น	ล	า	ก	ร	ษ	ข
◌ิ	ห	◌็	อ	อ	น	◌่	◌่	◌ั	เ	ฟ	◌ี	◌ี	า	◌่
◌่	ต	◌่	น	ม	น	เ	ส	บ	◌ู	◌่	ย	อ	า	า
โ	ล	ก	◌ิ	ไ	เ	ก	ล	◌ี	ย	ด	ร	น	ป	ย
ห	ว	ย	ค	เ	ด	เ	บ	อ	ร	◌์	ต	จ	ล	ม
ร	◌ู	ป	แ	บ	บ	◌้	น	ค	ส	ก	◌ิ	◌ำ	ว	จ

แสงสว่าง
เกลียด
สบู่
ยุ่งอยู่
ศัตรู
เบอร์
อย่างมีเกียรติ
เห็นได้
เหมือน
เจอ
โลก
วัวหรอก
สำหรับ
วามแตกต่าง
ปานกลาง
เรือนจำ
แผนที่
ผลการศึกษา
รูปแบบ
เครือข่าย

Puzzle 42

ก	จ	น	ป	ฏ	◌ิ	เ	ส	ธ	◌ี	ง	◌ั	ก	ต	◌ั
ส	ต	น	ม	◌้	ม	ห	ม	◌ี	น	◌ั	น	า	◌ิ	อ
ก	ว	◌ิ	ซ	ล	ว	ร	ว	ม	ถ	◌ึ	ง	ร	ด	◌่
ท	◌ี	◌่	อ	ย	◌ู	◌่	เ	◌ุ	ย	า	ค	เ	ต	อ
จ	ช	เ	ก	น	ต	เ	ย	ช	ก	ก	◌ั	ต	◌่	น
ป	ม	◌่	ไ	◌้	อ	ข	◌็	ะ	ย	◌ั	ม	◌ิ	อ	แ
จ	◌ำ	ก	◌ั	ด	น	◌้	บ	ร	น	ก	ภ	บ	ก	อ
ค	ไ	เ	◌่	ร	บ	า	น	ป	เ	◌้	ว	โ	◌ั	ม
ช	◌่	ว	ย	ป	◌่	ไ	ว	ร	◌่	น	◌ำ	ต	น	ร
◌ั	◌้	◌ิ	ต	โ	า	จ	ร	า	ห	เ	อ	ม	◌ู	อ
ก	ไ	ก	ค	◌้	ย	ม	◌์	ก	ส	า	ท	จ	◌ั	◌็
◌๊	◌ั	◌์	ว	ด	ว	◌์	ช	น	า	ง	แ	บ	บ	น
อ	ส	น	อ	ไ	◌ี	ว	น	ส	า	ธ	า	ร	ณ	ะ
ก	น	น	อ	◌่	ก	เ	◌ั	เ	ต	า	ผ	◌ิ	ง	ค

ตอนบ่าย
น้ำมัน
ช่วย
ติดต่อกัน
รวมถึง
เย็บ
จำกัด
กัน
เตาผิง
เข้าใจ

การเติบโต
วนสาธารณะ
อ่อนแอ
ปฏิเสธ
ทาสก์
ได้โปรด
หมี
การประชุม
ที่อยู่
นางแบบ

Puzzle 43

ห	เ	ม	เ	ท	เ	ช	ร	ร	ห	ภ	ร	ม	ว	แ
◌ั	ร	◌ั	ค	◌ำ	ห	ง	า	ท	น	◌้	ส	เ	◌์	ส
ว	◌ี	น	ร	ต	◌็	◌ั	ฝ	ย	ต	น	ว	น	◌่	ด
ผ	ย	ฝ	◌ี	◌ั	น	◌็	ห	เ	ฝ	แ	ส	ด	ง	ง
◌ั	บ	ร	◌่	ว	ไ	ว	ค	◌่	ว	◌ั	ช	◌ู	ก	อ
ก	ร	◌ั	อ	ก	ด	◌ุ	ส	◌ั	ว	ว	◌่	ม	า	อ
ก	◌้	◌่	ง	ล	◌้	เ	ด	◌ิ	น	ไ	ป	ง	ร	ก
า	อ	ง	เ	ม	ช	แ	ม	ส	ม	ช	ว	อ	ซ	า
ด	ย	ท	ล	ก	◌ั	า	พ	น	ซ	◌ู	ห	ม	◌ี	ป
แ	ด	อ	◌่	ล	ด	ว	ร	ท	น	น	น	ง	◌้	◌็
◌่	ห	ด	น	◌ี	ว	ก	ก	ย	ย	◌็	ไ	อ	อ	◌้
ย	ม	ว	ร	◌ู	◌่	ห	◌ั	◌ั	ว	◌์	น	◌้	ข	อ
◌ิ	ม	จ	น	◌้	า	ช	ไ	ย	ร	ร	อ	จ	า	อ
เ	ห	ม	◌ี	อ	น	ก	◌ั	น	ด	ม	ม	◌๊	ย	า

มันฝรั่งทอด
เหมือนกัน
เครื่องเล่น
เห็น
แพทย์
จ้องมอง
การซื้อขาย
เห็นได้ชัดว่า
เดินไป
เส้นทาง

หัวผักกาด
เรียบร้อย
แสดง
แหวน
ปาก
วัสดุ
ชายฝั่ง
รวม
ทำตัวกลมกลืน
แสดงออก

Puzzle 44

ผ	ร	◌ุ	◌่	ง	อ	ร	◌ุ	ณ	◌๊	ภ	ไ	ด	ข	◌์
ก	◌ิ	ต	อ	บ	ก	ล	◌ั	บ	ไ	◌๊	ต	◌้	อ	ม
จ	ร	ด	อ	ด	◌ี	เ	◌ำ	◌้	น	อ	ไ	า	บ	น
ส	ไ	ะ	พ	◌ี	เ	เ	◌ิ	ข	ว	ด	◌้	น	ค	า
น	ไ	ฟ	ด	ล	น	ว	น	ไ	◌ั	อ	ว	ล	◌ุ	◌ั
ธ	ต	◌่	ก	◌ู	า	◌้	ก	เ	ม	ช	ภ	◌่	ณ	า
◌ิ	เ	ย	ว	ต	ก	ด	ย	◌์	◌้	ซ	◌้	า	ท	น
ส	จ	จ	ซ	◌่	น	ข	◌ั	ด	า	◌ั	ว	ง	◌ี	จ
◌ั	อ	ไ	อ	แ	ม	ฝ	ล	◌์	ล	ม	ม	น	◌่	◌ั
ญ	◌ั	ว	า	◌้	ห	ม	◌่	◌ั	า	ก	ฟ	◌ี	◌ั	จ
ญ	เ	น	ย	ม	อ	ป	น	◌ี	ย	◌ั	น	◌้	ห	เ
า	ห	ต	◌ิ	แ	ก	อ	ก	เ	ท	ล	ง	ม	า	ร
ส	◌ุ	ภ	า	พ	แ	ล	◌้	ว	โ	อ	ก	า	ส	◌ี
ไ	ด	◌้	ไ	ต	ร	◌่	ต	ร	อ	ง	เ	ร	◌็	ว

เร็ว
ผิดพลาด
เรี
ที่ฝนตก
แม้แต่
ไข้
ขัด
ด้านล่างนี้
ไอน้ำเดือด
เทลงมา
รุ่งอรุณ
ขอบคุณที่
สนธิสัญญา
เก้า
ได้ไตร่ตรอง
กระดูก
ม้าลาย
ตอบกลับ
โอกาส
สุภาพแล้ว

Puzzle 45

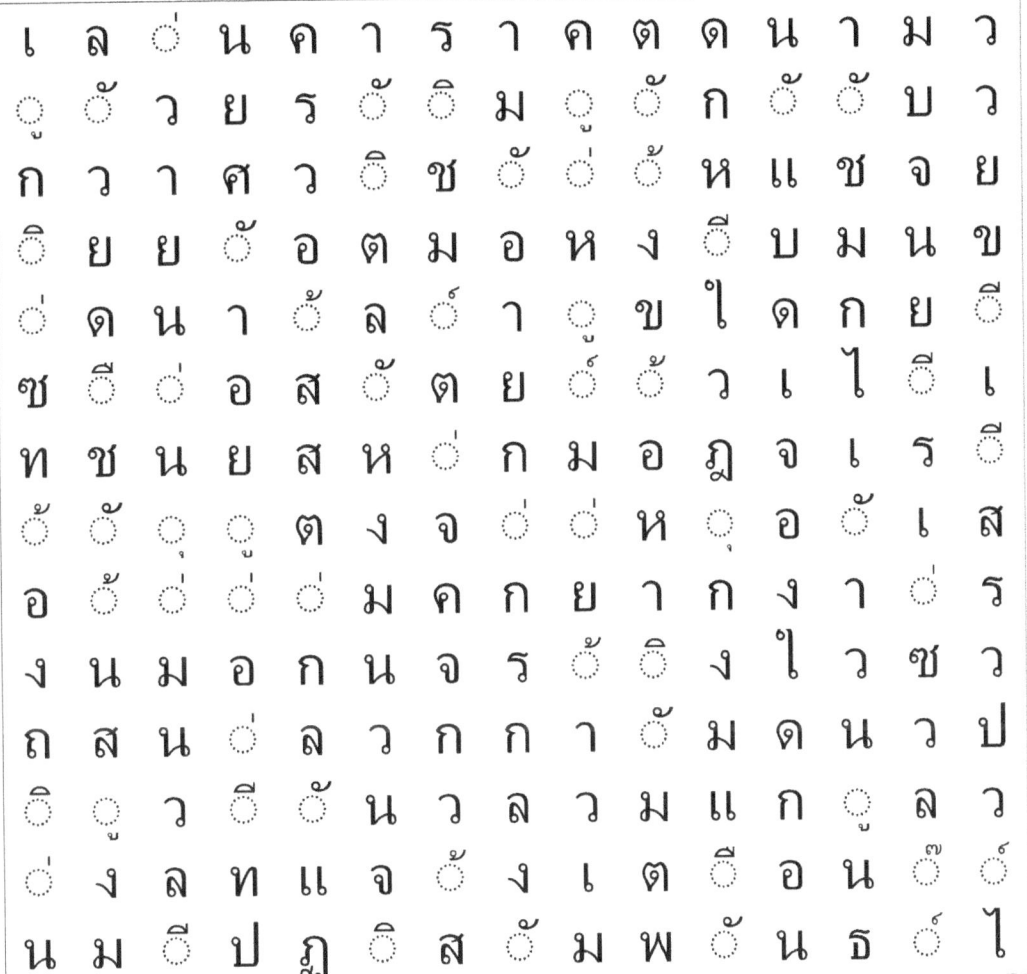

เ	ล	◌่	น	ค	า	ร	า	ค	ต	ด	น	า	ม	ว
◌ู	◌ั	ว	ย	ร	◌ั	◌ิ	ม	◌ู	◌ั	ก	◌ั	◌ั	บ	ว
ก	ว	า	ศ	ว	◌ิ	ช	◌ั	◌่	◌้	ห	แ	ช	จ	ย
◌ิ	ย	ย	◌ั	อ	ต	ม	อ	ห	ง	◌ี	บ	ม	น	ข
◌่	ด	น	า	◌้	ล	◌์	า	◌ู	ข	ไ	ด	ก	ย	◌ี
ซ	◌ี	◌่	อ	ส	◌ั	ต	ย	◌์	◌้	ว	เ	ไ	◌ี	เ
ท	ช	น	ย	ส	ห	◌่	ก	ม	อ	ฎ	จ	เ	ร	◌ี
◌้	◌ั	◌ุ	◌ู	ต	ง	จ	◌่	◌่	ห	◌ุ	อ	◌ั	เ	ส
อ	◌้	◌่	◌่	◌่	ม	ค	ก	ย	า	ก	ง	า	◌่	ร
ง	น	ม	อ	ก	น	จ	ร	◌้	◌ิ	ง	ไ	ว	ซ	ว
ถ	ส	น	◌่	ล	ว	ก	ก	า	◌ั	ม	ด	น	ว	ป
◌ิ	◌ู	ว	◌ี	◌ั	น	ว	ล	ว	ม	แ	ก	◌ู	ล	ว
◌่	ง	ล	ท	แ	จ	◌้	ง	เ	ต	◌ี	อ	น	◌๊	◌์
น	ม	◌ี	ป	ฏ	◌ิ	ส	◌ั	ม	พ	◌ั	น	ธ	◌์	ไ

มงกุฎ
ตั้งข้อหา
ดัชนี
เล่นคารา
คู่หู
มีปฏิสัมพันธ์
นุ่มนวล
ริมา
ท้องถิ่น
สงคราม
เรียนจบ
ล้าน
แบดเจอ
ซื่อสัตย์
สีเขียว
ร่างกาย
ลูกแมว
ที่อยู่อาศัย
ชั้นสูง
แจ้งเตือน

Puzzle 46

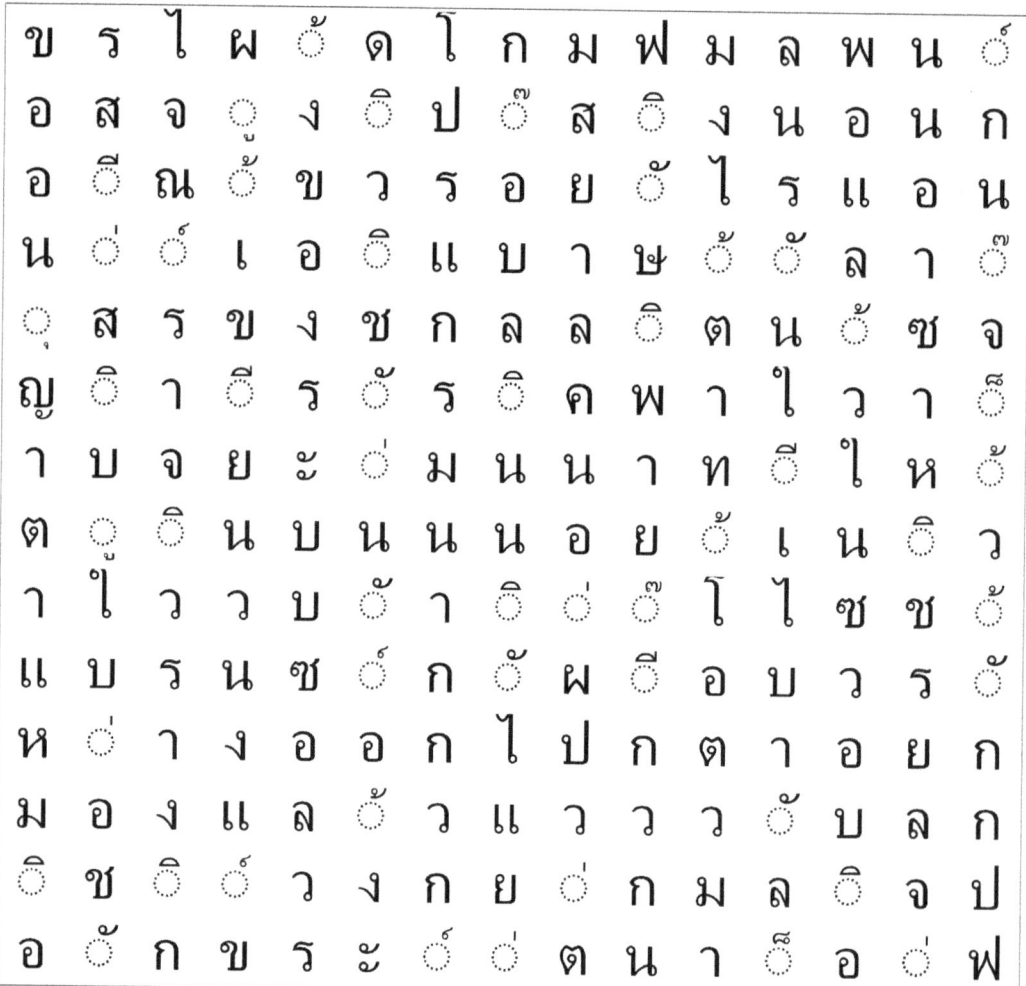

ข	ร	ไ	ผ	◌้	ด	โ	ก	ม	ฟ	ม	ล	พ	น	◌์
อ	ส	จ	◌ู	ง	◌ิ	ป	◌๊	ส	◌ิ	ง	น	อ	น	ก
อ	◌ี	ณ	◌้	ข	ว	ร	อ	ย	◌ั	ไ	ร	แ	อ	น
น	◌่	◌์	เ	อ	◌ิ	แ	บ	า	ษ	◌้	◌ั	ล	า	◌๊
◌ุ	ส	ร	ข	ง	ช	ก	ล	ล	◌ิ	ต	น	◌้	ซ	จ
ญ	◌ิ	า	◌ี	ร	◌ั	ร	◌ิ	ค	พ	า	ไ	ว	า	◌็
า	บ	จ	ย	ะ	◌่	ม	น	น	า	ท	◌ี	ไ	ห	◌้
ต	◌ู	◌ิ	น	บ	น	น	น	อ	ย	◌้	เ	น	◌ิ	ว
า	ไ	ว	ว	บ	◌ั	า	◌ิ	◌่	◌๊	โ	ไ	ซ	ช	◌้
แ	บ	ร	น	ซ	◌์	ก	◌ั	ผ	◌ี	อ	บ	ว	ร	◌ั
ห	◌่	า	ง	อ	อ	ก	ไ	ป	ก	ต	า	อ	ย	ก
ม	อ	ง	แ	ล	◌้	ว	แ	ว	ว	ว	◌ั	บ	ล	ก
◌ิ	ช	◌ิ	◌์	ว	ง	ก	ย	◌่	ก	ม	ล	◌ิ	จ	ป
อ	◌ั	ก	ข	ร	ะ	◌์	◌่	ต	น	า	◌็	อ	◌่	ฟ

พอแล้ว
ยาพิษ
รวิจารณ์
ดิวิชั่น
ผู้เขียน
ให้
ปลอบโยน
กับ
สั้น
ของระบบ
ผ่อนคลาย
นาที
โปรแกรม
มองแล้วแววับ
ห่างออกไป
อักขระ
แบรนซ์
ขออนุญาต
ก๊อบลิน
สี่สิบ

Puzzle 47

น	เ	ม	ง	◌ั	ป	ว	ก	ซ	า	ซ	ก	บ	◌้	ย
า	ว	อ	ร	ว	น	◌ั	ส	า	ล	น	ช	◌ั	ป	ว
ฟ	◌็	เ	น	ห	◌์	น	◌่	ส	เ	◌ี	ม	ง	ก	า
◌ิ	บ	ต	า	ห	◌่	ห	า	◌ิ	ะ	◌็	ส	ค	◌็	ง
ก	ไ	อ	◌้	ง	◌ั	ย	◌ั	ม	ท	ย	◌ิ	◌ั	ง	แ
า	ซ	ร	ป	◌้	ก	◌ุ	จ	◌์	◌่	◌ั	น	บ	ฉ	ผ
แ	ต	◌์	ม	◌ิ	◌๊	ด	จ	ป	ห	ด	◌่	ม	ล	น
ด	◌์	ไ	ช	ท	ด	ก	า	แ	ฟ	◌ิ	◌ิ	◌ี	า	ก
ด	า	ซ	เ	น	◌ี	◌้	อ	น	า	ค	ต	ป	ด	ค
ก	น	ค	ม	า	ส	ย	◌้	า	ย	ม	◌่	ฟ	ข	ไ
◌ั	ย	◌์	ก	ซ	ไ	◌ำ	า	ด	ย	า	ช	◌็	◌ื	ไ
น	ล	◌้	า	ง	ด	ก	ค	◌่	◌ั	ว	ว	เ	◌้	น
า	◌ู	ก	◌ั	น	ย	ก	ช	◌ั	◌ั	ค	น	ช	น	ว
ฮ	◌ิ	ป	โ	ป	ร	า	ค	า	ญ	ห	ง	◌ี	◌่	น

วันหยุด
วางแผน
ย้าย
ความคิด
ฉลาดขึ้น
ฮิปโปราคา
สำคัญ
เนื้อ
สามคน
ล้าง
มอเตอร์ไซค์
ทะเล
ปิด
กาแฟ
ทิ้ง
ปิดม่าน
เว็บไซต์
บังคับ
มีเสน่ห์
นาฬิกาแดดกัน

Puzzle 48

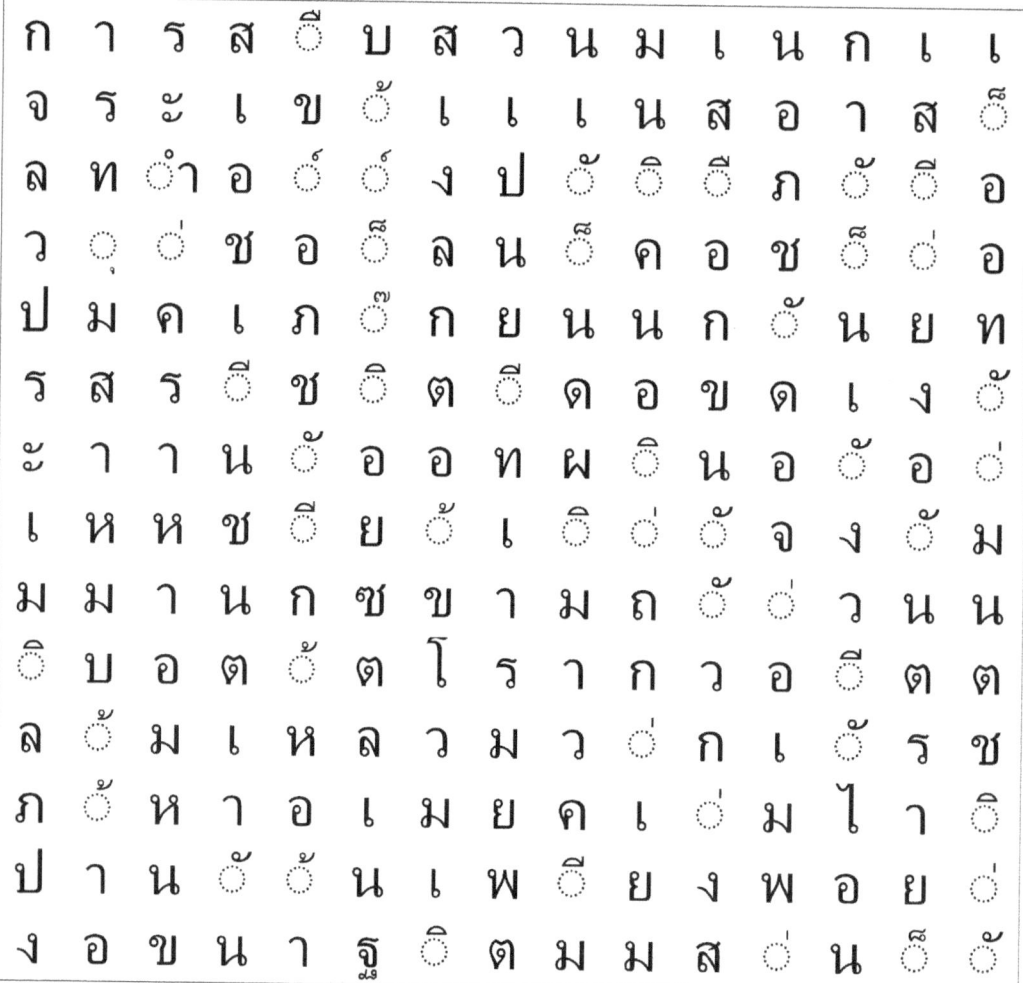

ก	า	ร	ส	◌ี	บ	ส	ว	น	ม	เ	น	ก	เ	เ
จ	ร	ะ	เ	ข	◌้	เ	เ	เ	น	ส	อ	า	ส	◌็
ล	ท	◌ำ	อ	◌์	◌์	ง	ป	◌ั	◌ิ	◌ี	ภ	◌ั	◌ี	อ
ว	◌ุ	◌่	ช	อ	◌็	ล	น	◌็	ค	อ	ช	◌็	◌่	อ
ป	ม	ค	เ	ภ	◌๊	ก	ย	น	น	ก	◌ั	น	ย	ท
ร	ส	ร	◌ี	ช	◌ิ	ต	◌ี	ด	อ	ข	ด	เ	ง	◌ั
ะ	า	า	น	◌ั	อ	อ	ท	ผ	◌ิ	น	อ	◌ั	อ	◌่
เ	ห	ห	ช	◌ี	ย	◌้	เ	◌ิ	◌่	◌ั	จ	ง	◌ั	ม
ม	ม	า	น	ก	ซ	ข	า	ม	ถ	◌ั	◌่	ว	น	น
◌ิ	บ	อ	ต	◌้	ต	โ	ร	า	ก	ว	อ	◌ี	ต	ต
ล	◌้	ม	เ	ห	ล	ว	ม	ว	◌่	ก	เ	◌ั	ร	ช
ภ	◌้	ห	า	อ	เ	ม	ย	ค	เ	◌่	ม	ไ	า	◌ิ
ป	า	น	◌ั	◌้	น	เ	พ	◌ี	ย	ง	พ	อ	ย	◌่
ง	อ	ข	น	า	ฐ	◌ิ	ต	ม	ม	ส	◌่	น	◌็	◌ั

อาหารค่ำ
เสี่ยงอันตราย
นั้นเพียงพอ
เสือ
เชอ
อดีต
จระเข้
การโต้ตอบ
ถั่ว
ออทั่ม

ไม่เคย
เทียน
ล้มเหลว
มหาสมุทร
สมมติฐานของ
ข้อตกลง
มีความผิด
ประเมิ
เป็นของ
การสืบสวน

Puzzle 49

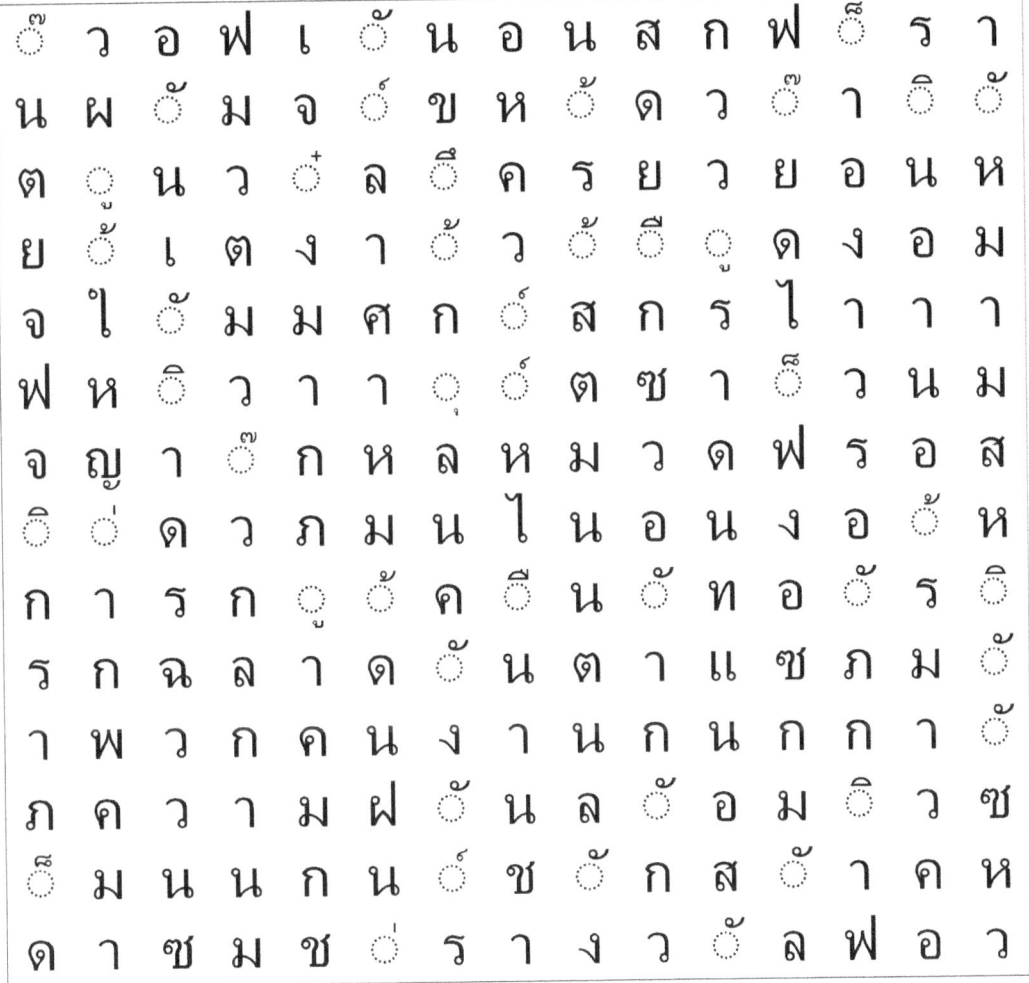

◌๊	ว	อ	ฟ	เ	◌ั	น	อ	น	ส	ก	ฟ	◌็	ร	า
น	ผ	◌ั	ม	จ	◌์	ข	ห	◌้	ด	ว	◌๊	า	◌ิ	◌ั
ต	◌ู	น	ว	◌๋	ล	◌ื	ค	ร	ย	ว	ย	อ	น	ห
ย	◌้	เ	ต	ง	า	◌้	ว	◌้	◌ี	◌ู	ด	ง	อ	ม
จ	ไ	◌ั	ม	ม	ศ	ก	◌์	ส	ก	ร	ไ	า	า	า
ฟ	ห	◌ิ	ว	า	า	◌ุ	◌์	ต	ซ	า	◌็	ว	น	ม
จ	ญ	า	◌๊	ก	ห	ล	ห	ม	ว	ด	ฟ	ร	อ	ส
◌ิ	◌่	ด	ว	ภ	ม	น	ไ	น	อ	น	ง	อ	◌้	ห
ก	า	ร	ก	◌ู	◌้	ค	◌ื	น	◌ั	ท	อ	◌ั	ร	◌ิ
ร	ก	ฉ	ล	า	ด	◌ั	น	ต	า	แ	ซ	ภ	ม	◌ั
า	พ	ว	ก	ค	น	ง	า	น	ก	น	ก	ก	า	◌ั
ภ	ค	ว	า	ม	ฝ	◌ั	น	ล	◌ั	อ	ม	◌ิ	ว	ซ
◌็	ม	น	น	ก	น	◌์	ช	◌ั	ก	ส	◌ั	า	ค	ห
ด	า	ซ	ม	ช	◌่	ร	า	ง	ว	◌ั	ล	ฟ	อ	ว

สวยงาม
ผู้ใหญ่
พวกคนงาน
ฉลาด
ภารกิจ
ว้าง
เจ๋งมาก
ความร้อน
ห้องนอน
ความฝัน
มหาศาล
หมวดฟรอส
สอนแทน
การกู้คืน
รางวัล
ลุกขึ้น
วาง
วัว
มองดู
หรี

Puzzle 50

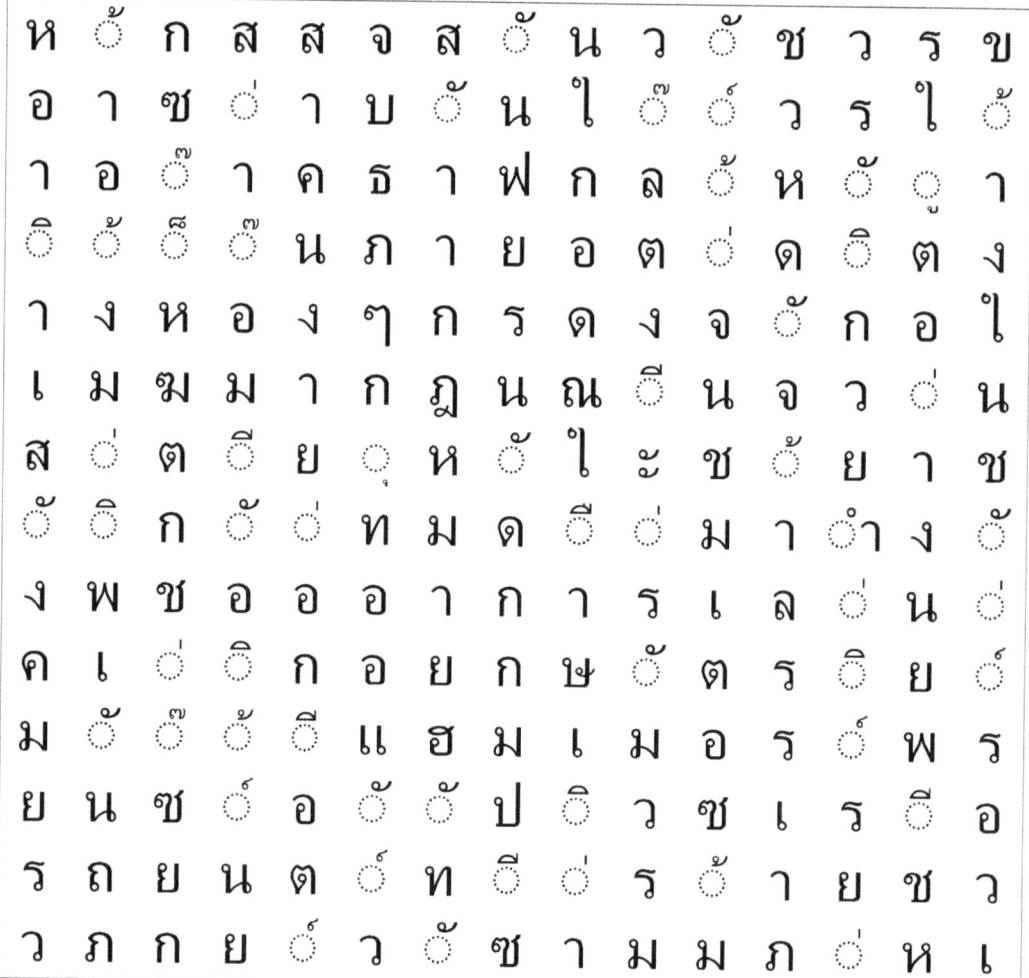

ห	◌้	ก	ส	ส	จ	ส	◌ั	น	ว	◌ั	ช	ว	ร	ข
อ	า	ซ	◌่	า	บ	◌ั	น	ไ	◌๊	◌์	ว	ร	ไ	◌้
า	อ	◌๊	า	ค	ธ	า	ฟ	ก	ล	◌้	ห	◌ั	◌ู	า
◌ิ	◌ั	◌็	◌๊	น	ภ	า	ย	อ	ต	◌่	ด	◌ิ	ต	ง
า	ง	ห	อ	ง	ๆ	ก	ร	ด	ง	จ	◌ั	ก	อ	ไ
เ	ม	ฆ	ม	า	ก	ฎ	น	ณ	◌ี	น	จ	ว	◌่	น
ส	◌่	ต	◌ี	ย	◌ุ	ห	◌ั	ไ	ะ	ช	◌้	ย	า	ช
◌ั	◌ิ	ก	◌ั	◌่	ท	ม	ด	◌ี	◌่	ม	า	◌ำ	ง	◌ั
ง	พ	ช	อ	อ	อ	า	ก	า	ร	เ	ล	◌่	น	◌่
ค	เ	◌่	◌ิ	ก	อ	ย	ก	ษ	◌ั	ต	ร	◌ิ	ย	◌์
ม	◌ั	◌๊	◌้	◌ี	แ	ฮ	ม	เ	ม	อ	ร	◌์	พ	ร
ย	น	ซ	◌์	อ	◌ั	◌ั	ป	◌ิ	ว	ซ	เ	ร	◌ี	อ
ร	ถ	ย	น	ต	◌์	ท	◌ี	◌่	ร	◌้	า	ย	ช	ว
ว	ภ	ก	ย	◌์	ว	◌ั	ซ	า	ม	ม	ภ	◌่	ห	เ

สาธารณะ
สังคม
อ่าง
เพิ่ม
แฮมเมอร์
ข้างใน
เวอร์ชั่น
รถยนต์ที่ร้าย
ดื่ม
กษัตริย์

อีกอย่าง
สบายดี
นับ
เมฆมาก
ทุกๆ
พืช
ฟองน้ำ
กฎหมาย
การเล่น
ติดต่อ

Puzzle 51

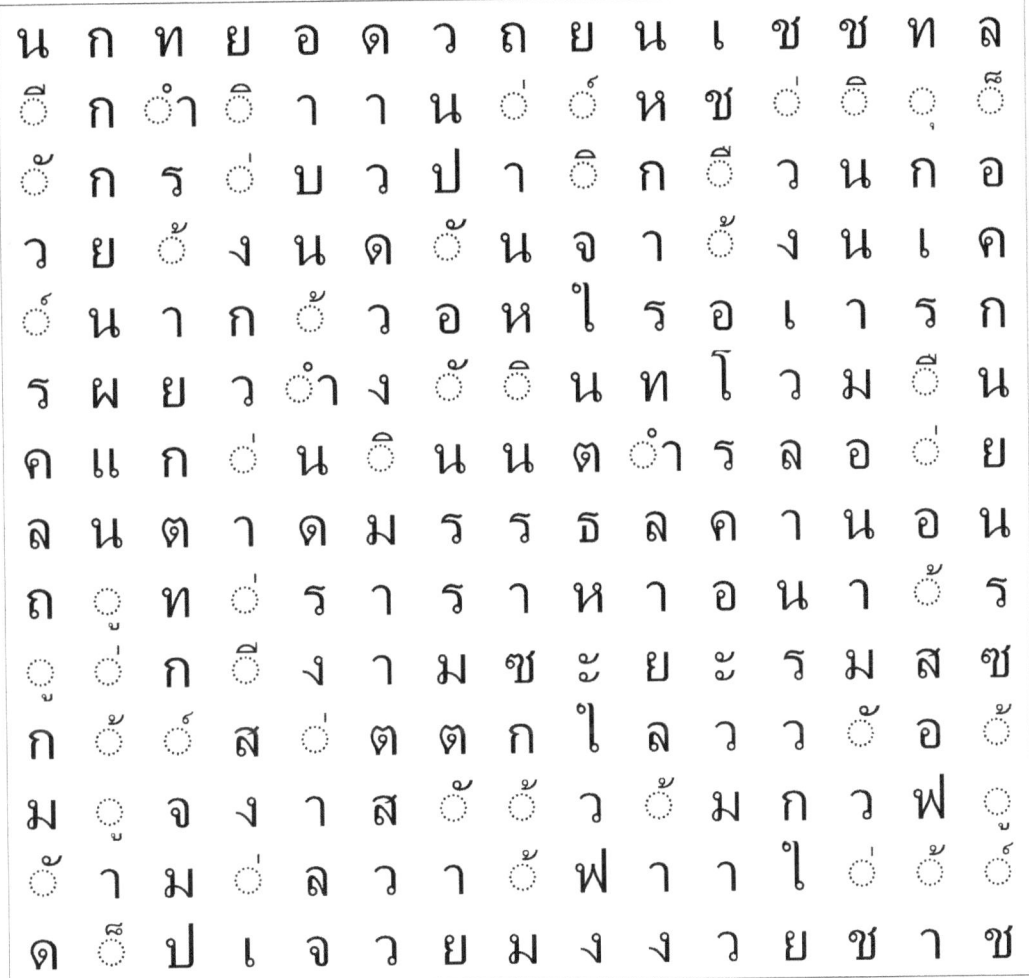

น	ก	ท	ย	อ	ด	ว	ถ	ย	น	เ	ช	ช	ท	ล
◌ี	ก	◌ำ	◌ิ	า	า	น	◌่	◌์	ห	ช	◌่	◌ิ	◌ุ	◌็
◌ั	ก	ร	◌่	บ	ว	ป	า	◌ิ	ก	◌ี	ว	น	ก	อ
ว	ย	◌้	ง	น	ด	◌ั	น	จ	า	◌้	ง	น	เ	ค
◌์	น	า	ก	◌้	ว	อ	ห	ไ	ร	อ	เ	า	ร	ก
ร	ผ	ย	ว	◌ำ	ง	◌ั	◌ิ	น	ท	โ	ว	ม	◌ี	น
ค	แ	ก	◌่	น	◌ิ	น	น	ต	◌ำ	ร	ล	อ	◌่	ย
ล	น	ต	า	ด	ม	ร	ร	ธ	ล	ค	า	น	อ	น
ถ	◌ู	ท	◌่	ร	า	ร	า	ห	า	อ	น	า	◌้	ร
◌ู	◌่	ก	◌ี	ง	า	ม	ซ	ะ	ย	ะ	ร	ม	ส	ซ
ก	◌้	◌์	ส	◌่	ต	ต	ก	ไ	ล	ว	ว	◌ั	อ	◌้
ม	◌ู	จ	ง	า	ส	◌ั	◌้	ว	◌้	ม	ก	ว	ฟ	◌ู
◌ั	า	ม	◌่	ล	ว	า	◌้	ฟ	า	า	ไ	◌่	◌้	◌์
ด	◌็	ป	เ	จ	ว	ย	ม	ง	ง	ว	ย	ช	า	ช

ยิ่งกว่า
เป็ด
ลูกสาว
ดาวดวง
ระยะ
เชื้อโรค
ถ่านหิน
แผน
การทำลายล้าง
ล็อค
ช่วงเวลา
รแต่งตั้ง
คนที่สาม
ทำร้าย
ถูกมัด
อาบน้ำ
ชินนามอน
ทุกเรือ
ธรรมดา
ร้านอาหาร

Puzzle 52

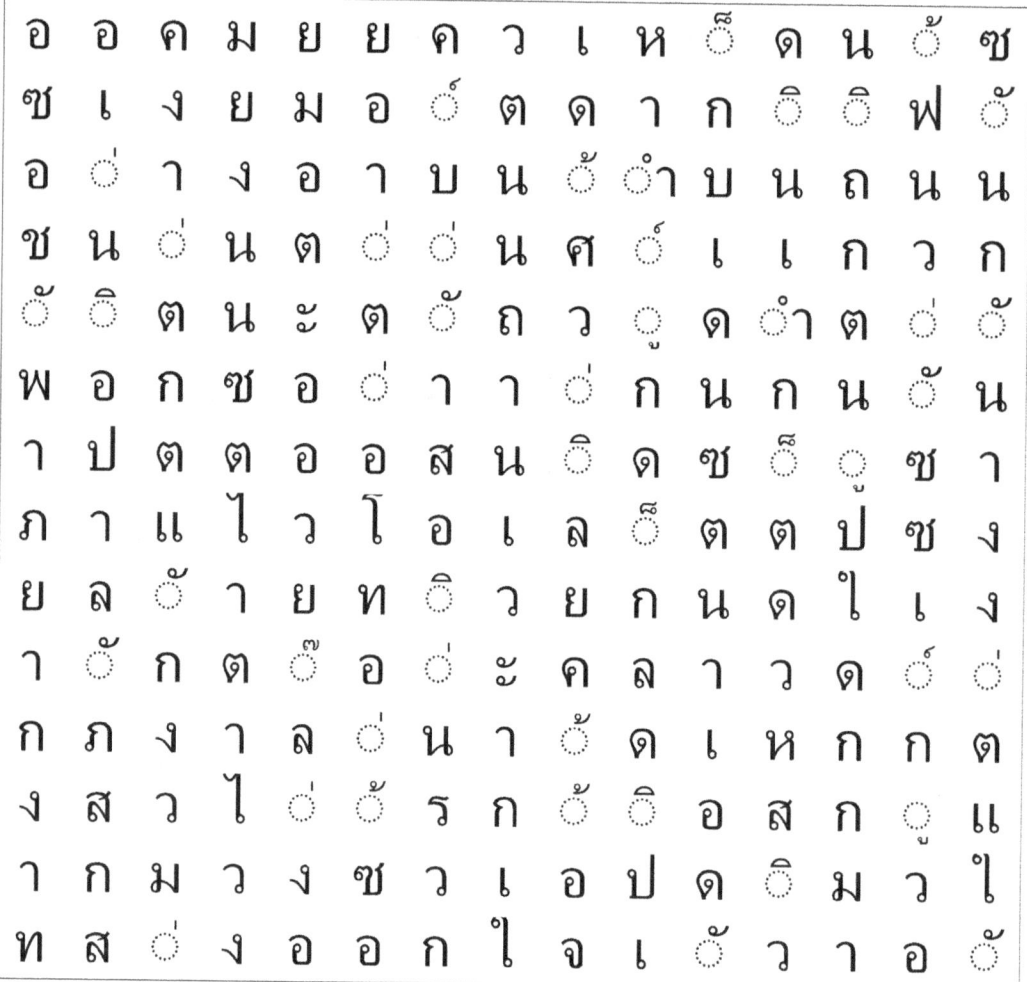

อ	อ	ค	ม	ย	ย	ค	ว	เ	ห	◌็	ด	น	◌้	ซ
ซ	เ	ง	ย	ม	อ	◌์	ต	ด	า	ก	◌ิ	◌ิ	ฟ	◌ั
อ	◌่	า	ง	อ	า	บ	น	◌้	◌ำ	บ	น	ถ	น	น
ช	น	◌่	น	ต	◌่	◌่	น	ศ	◌์	เ	เ	ก	ว	ก
◌ั	◌ิ	ต	น	ะ	ต	◌ั	ถ	ว	◌ู	ด	◌ำ	ต	◌่	◌ั
พ	อ	ก	ซ	อ	◌่	า	า	◌่	ก	น	ก	น	◌ั	น
า	ป	ต	ต	อ	อ	ส	น	◌ิ	ด	ซ	◌็	◌ู	ซ	า
ภ	า	แ	ไ	ว	โ	อ	เ	ล	◌็	ต	ต	ป	ซ	ง
ย	ล	◌ั	า	ย	ท	◌ิ	ว	ย	ก	น	ด	ไ	เ	ง
า	◌ั	ก	ต	◌๊	อ	◌่	ะ	ค	ล	า	ว	ด	◌์	◌่
ก	ภ	ง	า	ล	◌่	น	า	◌้	ด	เ	ห	ก	ก	ต
ง	ส	ว	ไ	◌่	◌้	ร	ก	◌้	◌ิ	อ	ส	ก	◌ู	แ
า	ก	ม	ว	ง	ซ	ว	เ	อ	ป	ด	◌ิ	ม	ว	ไ
ท	ส	◌่	ง	อ	อ	ก	ไ	จ	เ	◌ั	ว	า	อ	◌ั

เปิด
อะตอม
เป็นศูนย์
อ่างอาบน้ำ
ไวโอเล็ต
เสมอ
บนถนน
แตกต่าง
วิทยาลัย
ถนน
ทางกายภาพ
ต่อ
เกาะ
ดินสอ
ส่งออก
ด้านล่าง
ยังไง
คลาวด์
กำเนิด
แต่งงานกัน

Puzzle 53

ค	◌็	ป	ม	◌ั	◌่	ง	◌่	◌ุ	ม	ม	า	ว	ค	ห
ภ	◌่	◌ู	เ	ไ	จ	อ	◌ิ	ช	ง	จ	◌่	า	น	ล
ก	◌ั	า	ช	น	อ	◌้	◌ั	◌ั	า	ว	เ	ม	ช	◌ั
ต	น	◌่	ส	ห	ห	ต	ไ	ย	ม	◌็	น	เ	◌้	ก
ป	ม	◌ั	◌ั	◌ั	ผ	◌ี	เ	ส	◌ี	◌้	อ	จ	า	ฐ
ไ	ใ	ง	◌ึ	ถ	ม	ไ	◌ำ	ท	ต	ฟ	ป	◌็	ค	า
อ	ก	◌ิ	ช	ต	โ	บ	◌ิ	ต	เ	◌ั	◌้	บ	◌ั	น
◌่	ท	◌์	น	◌็	ต	เ	◌ู	ร	ซ	น	ง	ป	า	◌่
ต	◌์	น	ย	ง	อ	◌่	◌ี	ร	ค	เ	◌่	ว	ด	ก
◌ำ	พ	ไ	ม	◌่	ว	◌่	า	◌ิ	ณ	◌ั	ล	ด	ว	ช
ท	◌ั	น	◌้	◌ำ	ผ	ล	ไ	ม	◌้	◌์	ห	ร	◌่	◌์
ษ	ศ	เ	พ	◌ิ	ธ	◌ิ	ท	◌ิ	ส	ห	แ	◌ี	อ	อ
◌ี	◌ำ	ฟ	◌ุ	ต	บ	อ	ล	ท	◌ั	ศ	น	ค	ต	◌ิ
อ	ค	ส	ต	ร	อ	เ	บ	อ	ร	◌ี	◌่	อ	จ	◌ิ

ไม่ว่า
สตรอเบอรี่
ต้อง
หลักฐาน
ค่าสัมบูรณ์
คำศัพท์
เครื่องยนต์
ฟุตบอล
เติบโต
ช้า
ทำไมถึง
ผีเสื้อ
แหล่งป้อน
เต็นท์
ความมุ่งมั่
ทัศนคติ
สิทธิพิเศษ
น้ำผลไม้
วามเจ็บปวด
ทำต่อไป

Puzzle 54

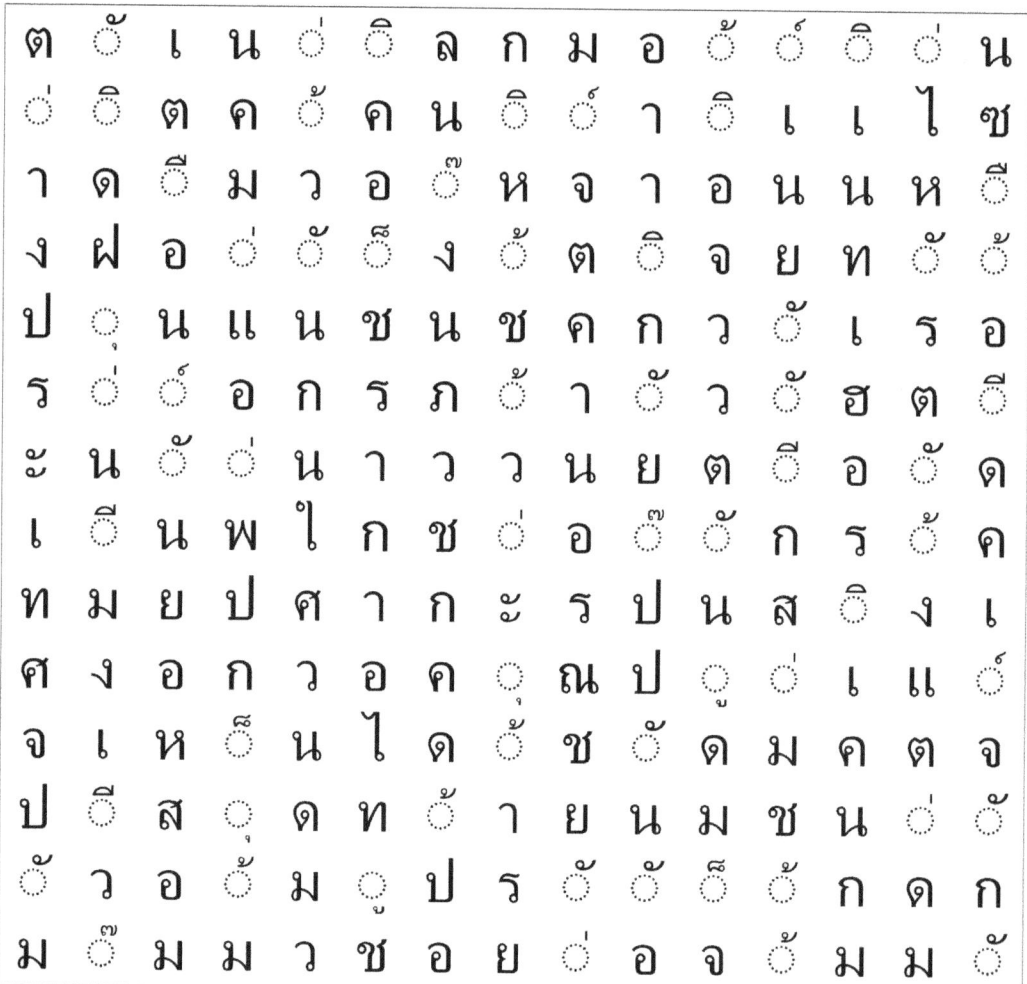

ต	◌ั	เ	น	◌่	◌ิ	ล	ก	ม	อ	◌้	◌์	◌ิ	◌่	น
◌่	◌ิ	ต	ค	◌้	ค	น	◌ิ	◌์	า	◌ิ	เ	เ	ไ	ซ
า	ด	◌ี	ม	ว	อ	◌๊	ห	จ	า	อ	น	น	ห	◌ี
ง	ฝ	อ	◌่	◌ั	◌็	ง	◌้	ต	◌ิ	จ	ย	ท	◌ั	◌้
ป	◌ุ	น	แ	น	ช	น	ช	ค	ก	ว	◌ั	เ	ร	อ
ร	◌่	◌์	อ	ก	ร	ภ	◌้	า	◌ั	ว	◌ั	ฮ	ต	◌ี
ะ	น	◌ั	◌่	น	า	ว	ว	น	ย	ต	◌ี	อ	◌ั	ด
เ	◌ี	น	พ	ไ	ก	ช	◌่	อ	◌๊	◌ั	ก	ร	◌้	ค
ท	ม	ย	ป	ศ	า	ก	ะ	ร	ป	น	ส	◌ิ	ง	เ
ศ	ง	อ	ก	ว	อ	ค	◌ุ	ณ	ป	◌ู	◌่	เ	แ	◌์
จ	เ	ห	◌็	น	ไ	ด	◌้	ช	◌ั	ด	ม	ค	ต	จ
ป	◌ี	ส	◌ุ	ด	ท	◌้	า	ย	น	ม	ช	น	◌่	◌ั
◌ั	ว	อ	◌้	ม	◌ู	ป	ร	◌ั	◌ั	◌็	◌้	ก	ด	ก
ม	◌๊	ม	ม	ว	ช	อ	ย	◌่	อ	จ	◌้	ม	ม	◌ั

เตือน
ปีสุดท้าย
อนาคต
ตั้งแต่
น้องชาย
อินทรี
ซื้อ
กวี
คดี
เห็นได้ชัด
คุณปู่
จิต
ต่างประเทศ
กลิ่น
อาการช็อค
ฝุ่น
เฮอริเคน
สกี
พ่อแม่คน
ประกาศ

Puzzle 55

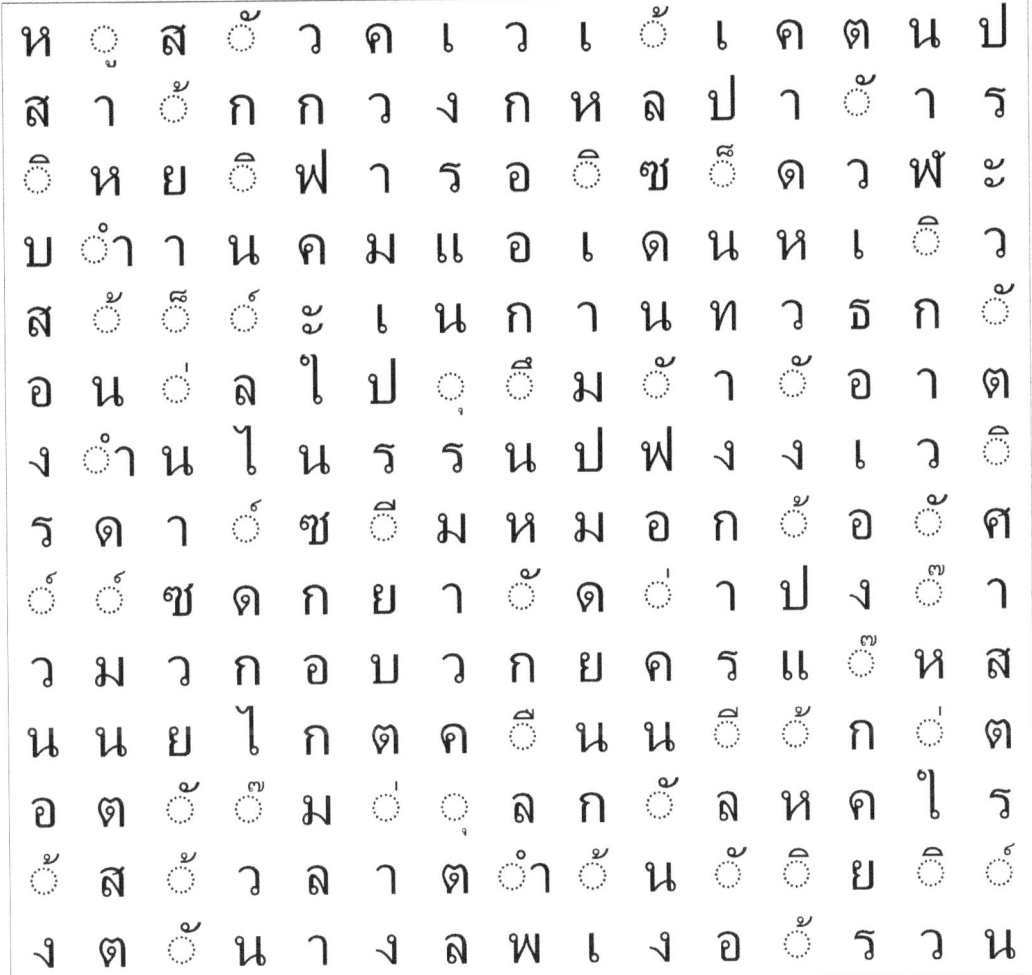

ห	◌ู	ส	◌ั	ว	ค	เ	ว	เ	◌้	เ	ค	ต	น	ป
ส	า	◌้	ก	ก	ว	ง	ก	ห	ล	ป	า	◌ั	า	ร
◌ิ	ห	ย	◌ิ	ฟ	า	ร	อ	◌ิ	ซ	◌็	ด	ว	ฬ	ะ
บ	◌ำ	า	น	ค	ม	แ	อ	เ	ด	น	ห	เ	◌ิ	ว
ส	◌ั	◌็	◌์	ะ	เ	น	ก	า	น	ท	ว	ธ	ก	◌ั
อ	น	◌่	ล	ไ	ป	◌ุ	◌ึ	ม	◌ั	า	◌ั	อ	า	ต
ง	◌ำ	น	ไ	น	ร	ร	น	ป	ฟ	ง	ง	เ	ว	◌ิ
ร	ด	า	◌์	ซ	◌ี	ม	ห	ม	อ	ก	◌้	อ	◌ั	ศ
◌์	◌์	ซ	ด	ก	ย	า	◌ั	ด	◌่	า	ป	ง	◌๊	า
ว	ม	ว	ก	อ	บ	ว	ก	ย	ค	ร	แ	◌๊	ห	ส
น	น	ย	ไ	ก	ต	ค	◌ี	น	น	◌ี	◌้	ก	◌่	ต
อ	ต	◌ั	◌๊	ม	◌่	◌ุ	ล	ก	◌ั	ล	ห	ค	ไ	ร
◌้	ส	◌้	ว	ล	า	ต	◌ำ	◌้	น	◌ั	◌ิ	ย	◌ิ	◌์
ง	ต	◌ั	น	า	ง	ล	พ	เ	ง	อ	◌้	ร	ว	น

เป็นทางการ
ไกด์ไลน์
ดำน้ำหา
นาฬิกา
น้ำตาล
ตัวเธอเอง
ความเปรียบต่าง
ร้องเพลง
ประวัติศาสตร์
หายนะ

คาดหวัง
แป้ง
กลุ่ม
หลัก
นึกออก
เกิด
คืนนี้
หมอ
ความรุนแรง
สิบสอง

Puzzle 56

ด	ค	◌ั	อ	◌์	◌ั	ล	ใ	ร	ม	ย	ว	◌่	น	ห
น	◌ู	◌์	ว	ล	◌็	ฟ	ซ	◌ู	อ	ว	า	◌ี	ว	อ
◌ิ	ฟ	ด	ม	◌้	อ	ม	ย	ไ	ซ	ง	◌่	บ	ส	อ
ย	◌ั	อ	ซ	อ	ม	◌ั	ย	◌ิ	ย	อ	เ	◌ั	◌่	ก
อ	ก	ก	◌ู	◌ั	◌ั	ต	อ	ร	า	ส	น	ท	น	น
น	◌ั	◌์	ถ	ส	บ	โ	น	◌็	ม	ง	ว	ะ	◌้	ร
◌้	ช	ห	ม	า	ป	◌่	า	ไ	ล	◌้	◌ู	ร	◌ิ	า
ง	อ	จ	อ	ต	◌ั	◌ู	ม	ส	ย	◌ั	อ	ป	ช	ก
ย	ป	ช	ฟ	เ	อ	ค	◌ั	◌ี	ย	ท	◌ี	า	น	จ
◌ี	ว	◌ุ	ค	อ	ม	พ	◌ิ	ว	เ	ต	อ	ร	◌์	◌ู
พ	ช	◌่	ย	า	ม	ก	า	ม	จ	ไ	ช	ต	◌ั	อ
เ	◌ั	◌่	น	ก	น	ซ	◌ั	จ	ร	◌ิ	ง	ๆ	ช	า
ว	◌ั	น	จ	◌ั	น	ท	ร	◌์	ว	ห	◌ิ	◌ั	น	◌่
ซ	น	◌ั	ว	◌ั	ย	ส	◌ุ	ด	ๆ	อ	ล	ด	ะ	ต

เพียงน้อยนิด
หมาป่า
ตราประทับ
จริงๆ
หน่วย
เตา
ทั้งสอง
มากมาย
วันจันทร์
คู่
สุดๆ
ชนะ
ดูดซับ
ปุ๋ย
โบสถ์
คอมพิวเตอร์
รองเท้า
ลิง
ล้อ
ชิ้นส่วน

Puzzle 57

ส	◌ิ	◌็	ช	◌้	ไ	ห	◌้	ไ	ม	ล	โ	◌ุ	น	อ
ก	า	ต	า	ร	ว	ไ	อ	ว	จ	ค	ป	ล	◌่	ข
◌ุ	ง	ร	◌่	ก	แ	ง	◌็	ข	แ	◌ำ	ร	ม	◌ี	อ
น	◌้	◌ำ	แ	ข	◌็	ง	ว	ว	ส	พ	◌่	น	อ	บ
ส	ย	◌่	อ	◌ั	◌ิ	◌ั	◌ั	ย	น	◌ู	ง	ร	า	เ
ว	ล	ก	◌ี	ค	อ	ช	ห	า	ย	ด	ไ	ง	ป	ข
ก	◌ิ	ด	◌ู	ห	◌้	ไ	ต	◌ิ	ธ	า	ส	า	◌ี	ต
ข	ว	ล	ร	ป	ภ	บ	ท	ส	น	ท	น	า	ช	ย
อ	ด	า	โ	เ	จ	◌้	า	ห	น	◌้	า	ท	◌ี	◌่
โ	อ	◌่	ง	ล	ห	ม	อ	ฟ	◌ั	น	ก	ช	ช	น
ท	จ	ว	ว	ซ	ว	น	ว	◌้	ด	ก	◌ู	◌็	จ	◌ั
ษ	◌้	◌่	◌ิ	◌่	◌์	◌์	ว	น	โ	ส	◌่	◌่	ย	อ
ฟ	ส	ร	◌้	า	ง	ค	ว	า	ม	ส	◌ั	บ	ส	น
เ	ค	ร	◌ี	◌่	อ	ง	ค	◌ิ	ด	เ	ล	ข	ก	น

สโนว์
บทสนทนา
โปร่งใส
อนุโลมให้ใช้
น้ำแข็ง
คำพูด
ขอบเขต
หมอฟัน
แข็งแกร่ง
วิลโลว์
เจ้าหน้าที่
กวาง
เครื่องคิดเลข
สาธิตให้ดู
สร้างความสับสน
อื่น
รปภ
ขอโทษ
สาร
สนุก

Puzzle 58

ข	แ	ส	ด	ง	ค	ว	า	ม	ย	◌ิ	น	ด	◌ี	◌ุ
ย	ค	ว	า	ม	ส	า	ม	า	ร	ถ	ม	เ	จ	◌ิ
า	◌ั	ม	ก	น	◌้	ส	เ	◌่	ฝ	ช	ภ	ม	◌ั	ป
ย	อ	อ	◌ี	◌ั	จ	ภ	ฝ	◌้	ว	อ	◌์	ง	ซ	ว
ร	ง	ถ	◌ึ	ด	◌ู	พ	น	อ	ไ	◌ั	ป	อ	า	◌ั
า	ม	ก	ง	ม	◌็	ห	ต	◌ิ	ป	พ	ต	ข	า	ต
ย	แ	อ	ง	า	◌ั	ม	ก	เ	จ	◌ิ	ไ	ง	ห	ถ
ก	น	อ	ช	ว	ภ	ม	น	◌็	ห	เ	บ	อ	แ	◌ุ
า	น	◌ิ	ป	ค	ค	◌ำ	น	ว	ณ	ศ	◌ั	◌่	ส	พ
ร	ร	ห	จ	เ	ว	◌ั	ฝ	ต	เ	ษ	◌ั	◌ี	◌ิ	◌ั
ค	ก	◌ู	ห	◌่	ป	น	◌ั	ม	ช	ย	◌ั	ร	น	น
◌์	ร	ว	ค	แ	ส	◌ิ	◌ิ	ไ	◌ั	ว	◌ั	เ	◌่	ม
ช	◌้	ก	ซ	◌่	ง	า	◌้	ร	ส	อ	น	ล	น	น
น	ฝ	ง	อ	ข	า	◌ั	ป	ล	พ	ย	า	บ	า	ล

พยาบาล
ฝนตก
แสดงความยินดี
แอบเห็น
พิเศษ
ขยายรายการ
เส้น
ค่า
วัตถุ
ป้าของ
เรื่องของ
ความสามารถ
สร้าง
พูดถึง
คำนวณ
พัน
มีด
สแควร์
แอปเปิ้ล
ความดัน

Puzzle 59

◌์	ม	◌ิ	จ	า	น	ด	ง	ส	ไ	◌่	า	จ	น	อ
ซ	ร	◌ิ	ค	◌ั	อ	น	จ	ก	◌ี	ม	ก	◌ั	น	ค
ค	◌่	า	ไ	ช	◌้	จ	◌่	า	ย	เ	◌่	◌ิ	◌่	◌่
เ	ด	โ	บ	เ	เ	ภ	◌ั	ไ	ล	ห	ง	◌๊	ก	า
ร	◌ั	ป	จ	ส	ร	ด	ไ	◌ั	◌ั	น	◌้	◌ิ	◌่	เ
เ	◌้	ร	ข	ม	ะ	ต	◌็	ะ	◌ิ	◌้	◌ิ	ก	น	ป
ว	ง	ด	อ	◌ี	ห	◌์	ม	ก	◌ั	า	ก	◌ั	ง	◌็
น	เ	ข	อ	อ	ว	◌๊	◌์	แ	ๆ	ต	ร	า	◌ุ	น
ภ	ด	อ	ภ	น	◌่	◌์	ม	ช	น	◌่	◌ั	ล	◌่	บ
◌ิ	◌ิ	ง	◌ั	ว	า	ต	ก	อ	◌ั	า	า	◌่	อ	ว
ล	ม	ก	ย	ม	ง	◌ั	ซ	อ	ม	ง	◌่	ช	◌ำ	ก
◌็	ซ	ม	ร	ส	ป	◌ั	จ	จ	◌ั	ม	น	อ	◌้	ง
ว	อ	◌่	ท	ว	◌ิ	จ	า	ร	ณ	◌์	◌้	อ	น	◌็
ไ	ป	ส	◌่	ง	า	◌๊	ไ	ห	แ	ค	ร	◌่	ก	◌้

เสมือน
บาร์
แคร่
สีเงิน
กิ๊งก่า
แกะ
โปรดของ
ทวิจารณ์
เด็กๆ
ไปส่ง
เรเวน
ระหว่าง
น่ารัก
ปัจจั
ขออภัย
น้ำองุ่น
ค่าเป็นบวก
ค่าใช้จ่าย
ดั้งเดิม
หน้าต่าง

Puzzle 60

◌ิ	ท	ร	ก	ข	ก	◌ั	ก	น	เ	ก	ส	ค	ท	ท
◌ิ	ศ	น	ล	น	◌ู	◌ั	◌ั	า	ม	ว	◌ี	ว	ศ	◌ี
ไ	ว	ว	◌ั	ม	◌ู	ย	ว	ต	ร	ต	น	า	น	◌่
ว	ร	เ	บ	ป	ส	น	ต	อ	ะ	◌ั	◌้	ม	◌ิ	ไ
◌้	ร	า	บ	◌ั	ห	◌ู	า	ก	ด	ว	◌ำ	ส	ย	ห
เ	ษ	อ	◌้	ง	า	ส	ญ	ร	◌ั	ส	ต	◌ำ	ม	ญ
น	ช	ส	า	ไ	ช	◌ี	ส	เ	บ	◌ู	า	เ	ค	◌่
า	ภ	◌ี	น	ก	า	ก	◌่	ค	ส	ง	ล	ร	◌ิ	ท
ห	ฟ	◌่	◌่	ล	ย	ม	ย	ก	◌้	◌ี	ซ	◌็	ด	◌ี
จ	ม	น	ร	อ	◌ี	ร	ห	ก	◌่	◌่	ย	จ	ผ	◌่
ม	◌ิ	◌่	◌๊	ก	◌ั	เ	ย	ก	น	◌ิ	◌้	ก	◌ิ	ส
ม	จ	ล	น	ห	น	ว	ว	จ	◌ู	◌์	ร	ก	ด	◌ุ
◌ิ	ร	เ	เ	ล	ว	ร	◌้	า	ย	ล	ม	◌ั	ย	ด
ค	◌ำ	ส	า	ร	ภ	า	พ	◌ั	ห	ล	อ	ก	ล	ว

คำสารภาพ
ลูกหมา
ขนมปัง
เชื่อ
ระดับ
ตัวสูง
ที่ใหญ่ที่สุด
เลวร้าย
ไกล
คิดผิด
ทศนิยม
เล่นสื่อ
กลับบ้าน
ชีส
ทศวรรษ
หลอกลวง
หรือ
ความสำเร็จ
สีน้ำตาล
สูญเสีย

Puzzle 61

ช	ก	ร	ร	ไ	ก	ร	ห	น	ร	เ	ร	◌้	ท	◌ู
โ	ต	ย	◌์	ต	จ	ร	◌็	ส	เ	◌้	ห	ไ	◌ำ	ท
ค	ด	จ	◌ิ	ง	เ	จ	อ	ร	◌์	ง	น	น	ต	า
◌ำ	ก	ย	ส	◌ุ	ภ	า	พ	บ	◌ุ	ร	◌ุ	ษ	◌ั	ค
ถ	ล	า	ไ	ไ	ค	เ	อ	◌ั	◌ั	◌ั	ก	า	ว	◌่
า	โ	ง	จ	ม	◌ิ	ร	พ	◌ั	◌ั	◌้	◌่	◌ั	ด	อ
ม	น	ห	ง	อ	◌่	ล	◌ี	◌ี	า	ค	◌้	น	◌ี	น
ก	บ	◌์	ไ	ก	ค	ต	ส	ม	ย	ก	ต	า	ๆ	ข
◌ิ	า	ก	◌ั	◌ู	แ	ว	◌้	ซ	ส	◌ี	◌ั	ง	อ	◌้
จ	◌้	◌้	น	ย	◌ิ	ก	ย	อ	ว	อ	ห	ก	ต	า
เ	ห	ร	◌ี	ย	ญ	เ	พ	น	น	◌ี	พ	◌ั	ก	ช
ภ	า	ษ	า	อ	◌ั	ง	ก	ฤ	ษ	อ	ร	น	ไ	น
ภ	◌ู	ม	◌ิ	ศ	า	ส	ต	ร	◌์	น	อ	พ	ค	ช
ภ	ม	◌่	ว	◌ิ	◌่	ง	ห	น	◌ี	ม	า	ว	ย	◌่

ภาษาอังกฤษ
ภูมิศาสตร์
เพีย
จิงเจอร์
เหรียญเพนนี
แค่
ล่องหน
พนักงาน
ทำให้เสร็จ
กรรไกร
บนโลก
โดยไม่ต้อ
ค่อนข้า
ทำตัวดีๆ
คำถาม
พัก
อีกครั้ง
ครีม
สุภาพบุรุษ
วิ่งหนี

Puzzle 62

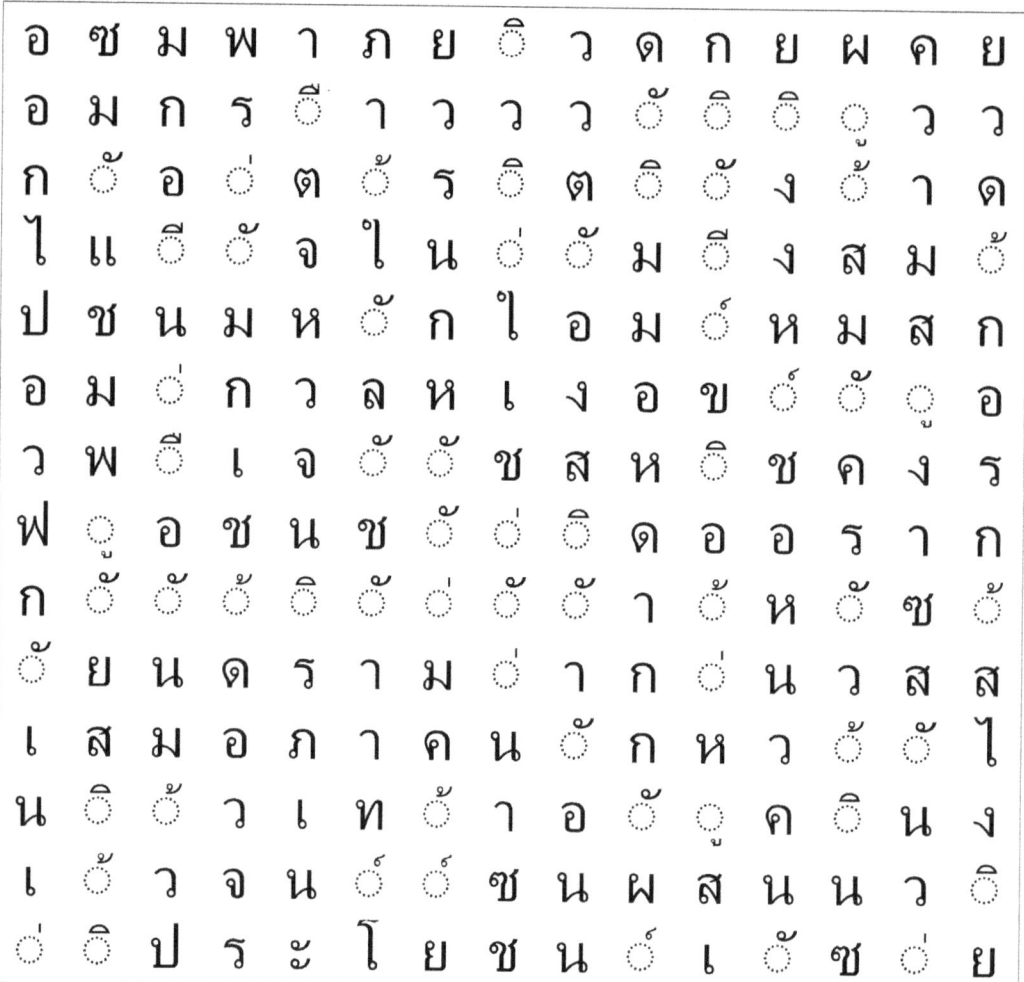

อ	ซ	ม	พ	า	ภ	ย	◌ิ	ว	ด	ก	ย	ผ	ค	ย
อ	ม	ก	ร	◌ี	า	ว	ว	ว	◌ั	◌ิ	◌ิ	◌ู	ว	ว
ก	◌ั	อ	◌่	ต	◌้	ร	◌ิ	ต	◌ิ	◌ั	ง	◌้	า	ด
ไ	แ	◌ี	◌ั	จ	ไ	น	◌่	◌ั	ม	◌ี	ง	ส	ม	◌้
ป	ช	น	ม	ห	◌ั	ก	ไ	อ	ม	◌์	ห	ม	ส	ก
อ	ม	◌่	ก	ว	ล	ห	เ	ง	อ	ข	◌์	◌ั	◌ู	อ
ว	พ	◌ี	เ	จ	◌ั	◌ั	ช	ส	ห	◌ิ	ช	ค	ง	ร
ฟ	◌ู	อ	ช	น	ช	◌ั	◌่	◌ิ	ด	อ	อ	ร	า	ก
ก	◌ั	◌ั	◌้	◌ิ	◌ั	◌่	◌ั	◌ั	า	◌้	ห	◌ั	ซ	◌้
◌ั	ย	น	ด	ร	า	ม	◌่	า	ก	◌่	น	ว	ส	ส
เ	ส	ม	อ	ภ	า	ค	น	◌ั	ก	ห	ว	◌้	◌ั	ไ
น	◌ิ	◌้	ว	เ	ท	◌้	า	อ	◌ั	◌ู	ค	◌ิ	น	ง
เ	◌้	ว	จ	น	◌์	◌์	ซ	น	ผ	ส	น	น	ว	◌ิ
◌่	◌ิ	ป	ร	ะ	โ	ย	ช	น	◌์	เ	◌ั	ซ	◌่	ย

ประโยชน์
ต่อกั
ไส้กรอกด้วย
มั่นใจ
ของเหลว
ผู้สมัคร
แชมพู
ดราม่า
ผักกาดหอม
อื่นอีก
หวัง
ความสูง
นิ้ว
การออดิชั่น
นิ้วเท้า
ฟัน
ยิง
เสมอภาคนัก
พื้น
ออกไป

Puzzle 63

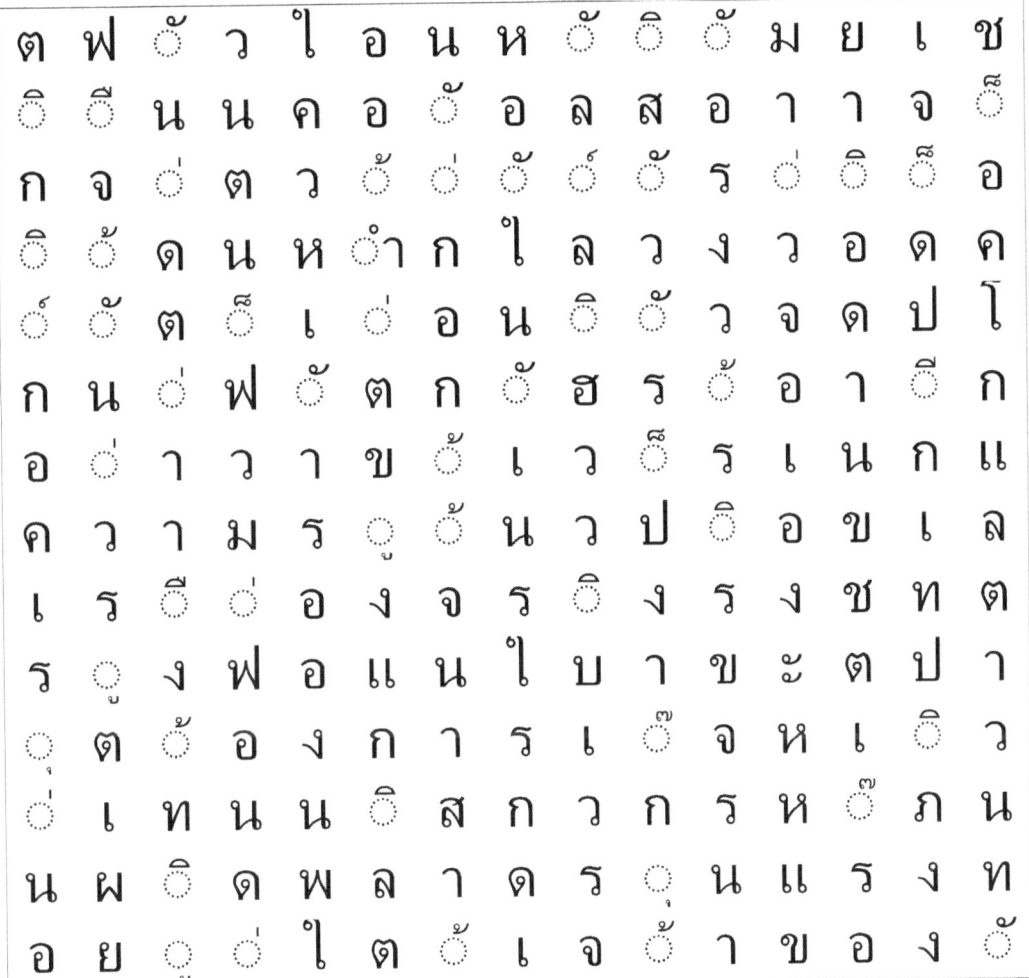

ต	ฟ	◌ั	ว	ไ	อ	น	ห	◌ั	◌ิ	◌ั	ม	ย	เ	ช
◌ิ	◌ี	น	น	ค	อ	◌ั	อ	ล	ส	อ	า	า	จ	◌็
ก	จ	◌่	ต	ว	◌้	◌่	◌ั	◌์	◌ั	ร	◌่	◌ิ	◌็	อ
◌ิ	◌้	ด	น	ห	◌ำ	ก	ไ	ล	ว	ง	ว	อ	ด	ค
◌์	◌ั	ต	◌็	เ	◌่	อ	น	◌ิ	◌ั	ว	จ	ด	ป	โ
ก	น	◌่	ฟ	◌ั	ต	ก	◌ั	ฮ	ร	◌้	อ	า	◌ี	ก
อ	◌่	า	ว	า	ข	◌้	เ	ว	◌็	ร	เ	น	ก	แ
ค	ว	า	ม	ร	◌ู	◌้	น	ว	ป	◌ิ	อ	ข	เ	ล
เ	ร	◌ี	◌่	อ	ง	จ	ร	◌ิ	ง	ร	ง	ช	ท	ต
ร	◌ุ	ง	ฟ	อ	แ	น	ไ	บ	า	ข	ะ	ต	ป	า
◌ุ	ต	◌้	อ	ง	ก	า	ร	เ	◌๊	จ	ห	เ	◌ิ	ว
◌่	เ	ท	น	น	◌ิ	ส	ก	ว	ก	ร	ห	◌๊	ภ	น
น	ผ	◌ิ	ด	พ	ล	า	ด	ร	◌ุ	น	แ	ร	ง	ท
อ	ย	◌ู	◌่	ไ	ต	◌้	เ	จ	◌้	า	ข	อ	ง	◌ั

อ่าว
อยู่ใต้
ผิดพลาดรุนแรง
ฮิลล์
เทป
รุ่น
เจ้าของ
ช็อคโกแลต
เรื่องจริง
เทนนิส
เร็วเข้า
ความรู้
หลังจาก
เจ็ดปี
กำหนด
ตะขาบในแอฟ
ขนาด
ประเภท
ต้องการ
ตื่นเต้น

Puzzle 64

ส	ว	ค	◌่	ผ	◌ั	◌ั	ห	ป	ห	ซ	บ	◌้	ว	อ
แ	ม	◌่	ล	◌ู	า	◌๊	ย	ค	เ	◌์	◌ิ	ฟ	ก	ว
น	◌ิ	◌ั	◌์	◌้	ร	◌้	ม	◌ิ	ๆ	ว	น	ค	ว	◌ี
อ	เ	อ	า	ห	ร	◌ิ	ม	ฝ	◌ี	ป	า	ก	น	แ
อ	ย	น	ง	ญ	◌่	น	ด	ฟ	ด	น	ก	น	ห	ต
ว	า	◌ู	ย	◌ิ	◌้	า	เ	ท	ค	น	◌ิ	ค	ว	◌่
◌ั	น	ภ	◌่	ง	อ	ง	ร	◌ุ	ป	บ	◌ั	ร	ป	ง
◌่	ท	ว	◌ั	ไ	ว	◌้	า	เ	บ	ส	บ	อ	ล	ง
ม	◌้	ว	ง	ฟ	ห	◌ี	ย	ส	ง	◌่	◌ิ	◌ั	◌์	า
น	า	ฐ	น	ก	อ	น	ง	◌ั	◌่	อ	ย	ว	ก	น
ข	อ	ง	เ	ธ	อ	ก	า	◌่	ซ	ง	ข	◌์	ห	ก
บ	◌ั	น	ม	ว	อ	ว	น	ช	◌็	◌ั	◌ู	ม	ม	◌ั
อ	ห	ไ	ช	ว	ย	พ	ว	ก	า	◌์	ร	น	น	บ
ท	◌ี	◌่	ด	◌ี	ท	◌ี	◌่	ส	◌ุ	ด	◌้	◌่	น	น

อยู่ไหน
เอา
อบขนม
แม่
เบสบอล
ทนาย
ปรับปรุง
ของเธอ
ของเรา
ริมฝีปาก

ผู้หญิง
ฐาน
ดีๆ
เทคนิค
บิน
ที่ดีที่สุด
รายงาน
ส่ง
พวกนี้
แต่งงานกับ

Puzzle 65

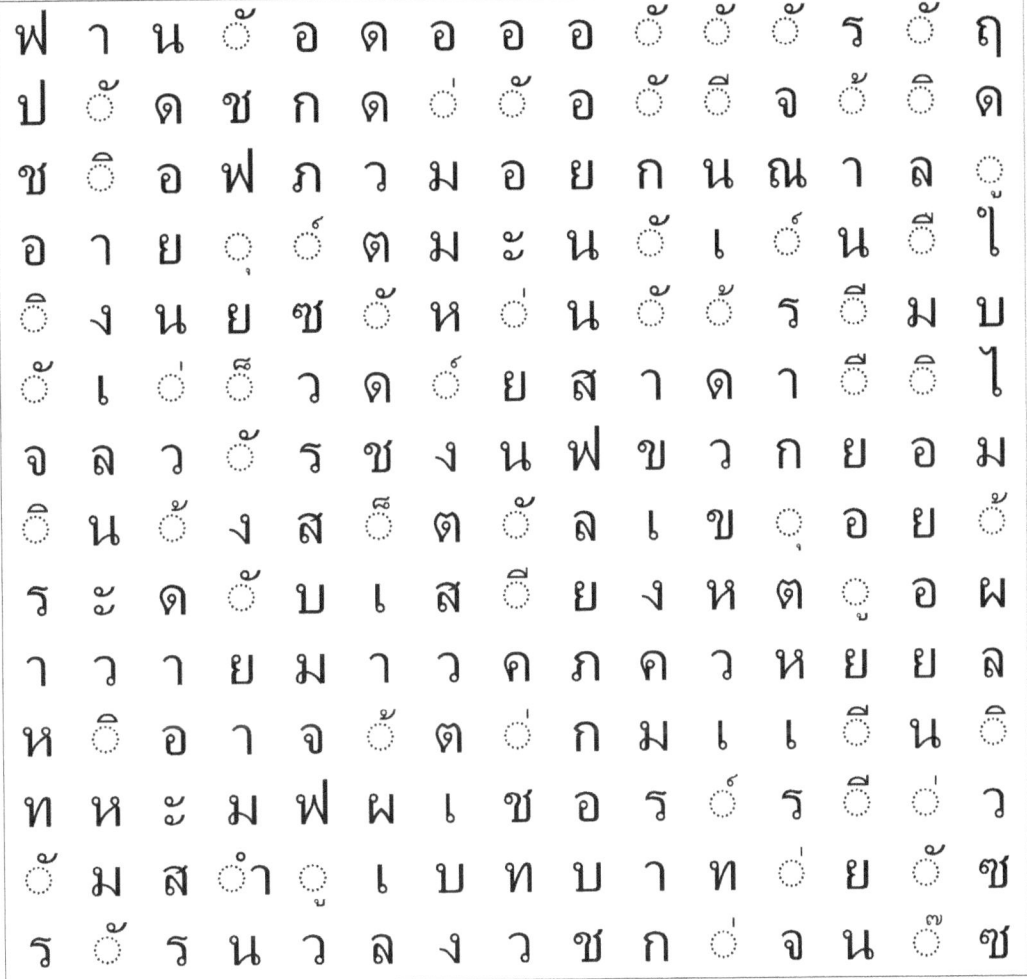

ฟ	า	น	◌ั	อ	ด	อ	อ	อ	◌ั	◌ั	◌ั	ร	◌ั	ฤ
ป	◌ั	ด	ช	ก	ด	◌่	◌ั	อ	◌ั	◌ี	จ	◌้	◌ิ	ด
ช	◌ิ	อ	ฟ	ภ	ว	ม	อ	ย	ก	น	ณ	า	ล	◌ู
อ	า	ย	◌ุ	◌์	ต	ม	ะ	น	◌ั	เ	◌์	น	◌ี	ไ้
◌ิ	ง	น	ย	ซ	◌ั	ห	◌่	น	◌ั	◌้	ร	◌ี	ม	บ
◌ั	เ	◌่	◌็	ว	ด	◌์	ย	ส	า	ด	า	◌ี	◌ิ	ไ
จ	ล	ว	◌ั	ร	ช	ง	น	ฟ	ข	ว	ก	ย	อ	ม
◌ิ	น	◌้	ง	ส	◌็	ต	◌ั	ล	เ	ข	◌ุ	อ	ย	◌้
ร	ะ	ด	◌ั	บ	เ	ส	◌ี	ย	ง	ห	ต	◌ู	อ	ผ
า	ว	า	ย	ม	า	ว	ค	ภ	ค	ว	ห	ย	ย	ล
ห	◌ิ	อ	า	จ	◌้	ต	◌่	ก	ม	เ	เ	◌ี	น	◌ิ
ท	ห	ะ	ม	ฟ	ผ	เ	ช	อ	ร	◌์	ร	◌ี	◌่	ว
◌ั	ม	ส	◌ำ	◌ู	เ	บ	ท	บ	า	ท	◌่	ย	◌ั	ซ
ร	◌ั	ร	น	ว	ล	ง	ว	ช	ก	◌่	จ	น	◌๊	ซ

บทบาท
เชอร์รี่
มะนาว
ฤดูใบไม้ผลิ
สะอาด
ผ้าเช็ดตัว
เขา
เคย
เงา
ระดับเสียง
ขวด
เหตุการณ์
ความยาว
ร้าน
ทหาร
อายุ
นำมายัง
ลืม
ออกเรือ
หิว

Puzzle 66

◌ู	◌ี	ล	ร	ว	ห	ผ	ผ	◌่	า	ต	◌ั	ด	อ	ท
น	ม	ฟ	◌ั	า	◌ั	◌ั	ล	◌ั	ก	ไ	◌์	ว	ย	◌ุ
น	ด	อ	ฐ	ม	◌ั	า	ว	◌ิ	ก	ป	ต	า	◌ู	ก
ฟ	◌ุ	ต	บ	จ	น	ม	ไ	เ	ต	ซ	ป	ด	◌่	ท
ภ	◌ั	อ	า	ร	ค	ห	ช	◌ั	ร	ภ	◌้	า	ร	◌ี
น	า	◌์	ล	◌ิ	น	◌่	อ	ด	ร	า	◌ั	า	อ	◌่
ถ	อ	◌ั	ก	ง	อ	◌ั	ซ	◌ั	อ	ส	ะ	ณ	ด	เ
◌้	ม	ค	ล	ร	◌ี	ส	◌ุ	ข	ภ	า	พ	ป	ฑ	ห
ว	◌ั	ว	า	ป	◌่	ม	ช	เ	ช	ว	อ	ร	ไ	◌์
ย	ค	ซ	ง	แ	น	◌ู่	า	ไ	น	อ	า	◌ั	◌ั	ม
ต	◌ั	ว	เ	ล	ข	โ	ร	ม	◌ั	น	ร	บ	น	ห
ท	◌ุ	ก	ข	◌์	◌ิ	ซ	◌ิ	◌ั	ะ	◌ั	ม	ไ	ซ	ค
ช	เ	ซ	◌็	น	น	ด	ฟ	◌ิ	ป	จ	ณ	ช	ภ	น
ฉ	ล	า	ด	ม	า	ก	◌๊	อ	ย	เ	◌์	◌้	ค	า

ฉลาดมาก
หัวเราะ
รัฐบาลกลาง
ทุกที่
แปรง
ตัวเลขโรมัน
ผ่าตัด
ผลิตภัณฑ์
คนอื่น
ถ้วย

อยู่รอด
อารมณ์
สุขภาพ
ฟุต
เซ็น
จะมา
ปรับใช้
วาด
ทุกข์
วามจริง

Puzzle 67

ท	ก	ช	เ	ม	◌ั	ม	ม	ส	◌่	ม	า	แ	ผ	เ
◌ั	◌ำ	◌ั	ร	ช	ก	ล	พ	บ	า	ง	ๆ	ข	ม	ม
◌์	ถ	ล	ร	อ	บ	◌ั	ล	ห	น	อ	น	ว	เ	◌ี
อ	◌ึ	จ	า	ถ	า	ค	า	◌ิ	◌้	ส	ว	น	ข	◌่
ร	ง	◌่	◌้	ย	ภ	ซ	ส	ด	ห	◌่	ป	ค	◌้	อ
ถ	แ	ห	ฟ	ม	ก	า	ต	ม	ว	◌ี	ไ	อ	า	ว
◌ู	ม	◌์	ฟ	◌ั	จ	า	◌ิ	ก	◌ั	ท	ม	น	ใ	า
ก	◌้	◌็	ไ	น	น	◌ั	ก	ห	ห	ว	แ	ง	จ	น
ย	ว	น	◌์	ช	ย	โ	ะ	ร	ป	◌ี	ม	ป	ง	น
◌ิ	◌่	ท	◌ั	◌้	ง	ห	ม	ด	ก	ด	า	◌ิ	ด	◌ี
ง	า	ว	อ	จ	ย	ร	ะ	ว	◌ั	ง	ต	◌ั	ว	◌้
โ	ผ	ล	◌่	อ	อ	ก	ม	า	ม	ก	◌ั	◌ั	เ	ก
บ	◌่	ง	บ	อ	ก	ห	ว	◌ิ	◌้	จ	จ	ม	ก	◌ั
น	◌ั	ว	◌ั	น	ต	ช	อ	ซ	ม	น	อ	เ	ก	◌่

บางๆ
คาถา
ที่สอง
มังกร
ทั้งหมด
แปด
ถึงแม้ว่า
มีประโยชน์
บ่งบอก
แขวนคอ
ทำลาย
พลาสติก
นอนหลับ
ไฟฟ้า
ระวังตัว
โผล่ออกมา
หัวหน้า
ถูกยิง
ผมเข้าใจ
เมื่อวานนี้

Puzzle 68

บ	ส	◌ั	แ	ว	◌ิ	ส	◌ั	ย	ท	◌ั	ศ	น	◌์	ท
ค	ท	อ	พ	อ	ย	◌ู	◌่	ท	◌ี	◌่	น	◌ี	◌่	◌ี
า	ค	เ	ะ	อ	า	◌่	◌่	เ	ล	น	ว	น	ก	ม
ว	ะ	จ	ร	ว	ค	น	◌ั	ว	า	◌้	◌่	ม	า	ม
บ	ภ	ค	อ	◌ี	ล	ช	ส	ไ	◌๊	ห	ว	◌่	◌้	ล
อ	◌ิ	◌่	ก	ด	ย	ม	◌ื	◌้	อ	เ	ย	◌็	น	◌ำ
ย	ต	ภ	ด	◌ั	ว	น	า	ว	◌่	ง	◌ั	ว	ห	บ
น	ม	เ	อ	ง	า	◌่	ย	อ	ง	า	บ	ค	ก	า
ก	ร	ะ	เ	ช	◌้	า	ย	◌ี	อ	จ	ว	ม	ล	ก
เ	ค	ล	◌็	ด	ล	◌ั	บ	ก	ร	ต	◌ี	◌้	ป	า
ท	◌้	า	ท	า	ย	◌่	จ	◌ุ	อ	เ	◌ิ	◌ั	แ	า
า	ม	ต	ภ	ห	◌ู	น	ฟ	ญ	◌่	ก	ง	ช	า	ซ
ก	ว	ก	ร	น	ช	◌้	ห	แ	ต	อ	◌ิ	ร	ว	◌๊
ช	◌ั	◌์	◌ั	ก	ต	ม	า	จ	◌้	น	◌ิ	น	โ	ห

เคล็ดลับ
บทเรียน
แปลกหน้า
บางอย่าง
แพะ
ลำบาก
ต่อรอง
กิน
ท้าทาย
อยู่ที่นี่
หวังว่า
โรงเรียน
กุญแจ
ตี๋
ทีม
มื้อเย็น
คาวบอย
ควรจะ
วิสัยทัศน์
กระเช้า

Puzzle 69

ร	บ	ก	ว	น	เ	า	◌่	า	◌ั	น	ก	◌ิ	ช	ผ
น	อ	น	ว	บ	น	เ	ว	ท	◌ี	า	ย	ห	◌่	◌ู
ง	◌ั	◌้	น	น	น	อ	ต	ต	อ	◌็	ค	า	า	◌้
◌้	อ	◌์	น	า	อ	ก	◌่	◌้	ส	น	ไ	ย	ง	เ
เ	ส	◌้	น	โ	ค	◌้	ง	ก	◌ิ	อ	ม	ไ	ซ	ช
น	◌ี	ฟ	◌่	น	◌่	น	น	◌ั	า	ม	◌่	จ	◌่	◌ี
จ	น	น	อ	ต	◌ั	ว	ม	◌่	น	ล	ด	ห	อ	◌่
ย	ย	ห	◌่	ก	อ	น	ง	า	◌้	ข	◌ี	ล	ม	ย
ต	◌ิ	บ	◌ั	ม	ส	ณ	◌ุ	ค	ห	◌้	ว	ก	ร	ว
ล	◌้	ะ	ย	ร	◌ิ	ฉ	จ	◌ั	อ	อ	ด	ภ	ถ	ช
า	ด	น	◌์	น	◌์	◌่	จ	ร	◌่	ซ	น	◌ี	ว	า
◌์	ไ	ย	ไ	บ	◌ั	ร	ม	อ	ย	า	ล	ะ	ล	ญ
ย	◌ั	ว	น	ม	ก	ล	◌ู	ก	โ	ป	◌่	ง	◌ั	◌ั
◌ั	ก	ม	ย	◌ี	◌้	ห	ไ	◌ิ	เ	ก	◌ู	ม	ส	ร

ข้างนอก
หายใจ
ไม่ดี
ค็อตตอน
รบกวน
ยอมรับ
ลาก่อน
ย่อหน้า
งั้น
ได้ยิน
กลูกโป่ง
คุณสมบัติ
อัจฉริยะ
ผู้เชี่ยวชาญ
ละลาย
เส้นโค้ง
ให้ยืม
ต้นไม้
ช่างซ่อมรถ
บนเวที

Puzzle 70

ใ	บ	ไ	ม	◌้	ต	◌ิ	ด	ด	โ	ะ	ร	ก	ข	ก
ไ	ล	เ	ป	◌็	น	อ	◌ิ	ส	ร	ะ	จ	ก	อ	ภ
ม	ง	ว	◌่	ช	◌ั	น	ป	ช	ก	◌็	ม	ล	บ	ว
◌่	า	น	ก	◌ิ	า	อ	ว	ร	ไ	◌ิ	ว	า	ไ	ต
ม	ย	ย	ม	แ	◌์	เ	ภ	◌ู	า	น	◌้	ย	จ	◌ั
◌ี	◌ั	ป	า	ส	ฮ	ม	◌่	า	ต	ก	◌็	เ	ว	เ
อ	ฟ	◌ั	ถ	น	◌ี	ม	ซ	◌่	ค	ว	ฎ	ป	◌ู	ก
ะ	◌ิ	ต	◌ึ	ซ	◌์	น	ส	า	◌่	า	เ	◌็	◌้	◌ิ
ไ	ะ	น	ง	◌ั	ฟ	ย	◌้	เ	ห	ก	ด	น	ด	ด
ร	ป	ห	◌้	ก	ร	ก	อ	◌ำ	ต	◌ี	◌ิ	ส	◌ั	ข
◌์	ว	ล	น	ห	◌ั	เ	น	า	เ	อ	น	จ	น	◌ึ
◌ิ	◌่	า	ย	◌่	◌้	ว	ม	า	ฟ	ง	ร	◌์	ป	◌้
ว	ภ	ย	◌ิ	น	ว	◌้	อ	◌ั	ก	ก	◌ิ	◌์	ม	น
จ	ว	ภ	◌่	◌ิ	◌่	น	ส	อ	อ	◌ี	◌ั	น	ว	ก

ฟังนะ
ช่วง
เกิดขึ้น
วู้ด
ยกเว้น
รั้ว
ใบไม้ติด
กลายเป็น
ยางลบ
แฮมสเตอร์
ขอบใจ
ปรากฎ
มาถึง
หลาย
กระโดด
เป็นอิสระ
อีกา
ไม่มีอะไร
สีน้ำเงิน
เดิน

Puzzle 71

ก	◌ำ	ล	◌ั	◌ั	พ	ซ	อ	◌์	ส	ภ	ป	ม	ป	ก
◌ิ	ฟ	ว	เ	ก	น	า	ว	◌ำ	◌้	ย	อ	ข	ไ	◌่
◌๊	◌ู	ย	น	◌่	ค	แ	ย	◌ิ	อ	ด	น	ก	น	อ
ก	ง	ว	◌์	ง	ซ	ว	ต	◌ุ	ม	อ	◌ั	อ	า	น
เ	ก	◌ี	อ	บ	จ	ะ	◌ั	◌่	◌ั	◌ิ	ก	ว	◌่	ห
พ	ไ	ช	◌่	◌ั	◌ิ	◌ี	ฟ	ง	ล	◌ิ	บ	◌ั	ผ	น
◌ิ	ว	อ	◌ี	จ	◌์	า	ม	◌๊	ว	ะ	◌ิ	น	ล	◌้
จ	◌้	ค	ย	น	ด	ก	น	◌ิ	◌ี	น	น	พ	ไ	า
า	ร	ห	ห	พ	ว	ก	เ	ธ	อ	ก	า	◌ุ	ม	น
ร	อ	น	เ	ย	◌ี	ร	า	ฟ	ส	◌ิ	◌ั	ธ	◌้	◌ี
ณ	◌้	ร	ง	◌ิ	ก	ว	ว	ร	◌ู	น	◌ั	า	ส	◌้
า	ว	◌ั	อ	เ	ไ	◌ั	ไ	ซ	ง	ร	◌ี	ช	ร	น
ก	◌ั	◌์	ข	ค	ว	า	ม	ข	◌ั	ด	แ	ย	◌้	ง
◌ู	ก	า	ร	เ	ช	◌ี	◌้	อ	เ	ช	◌ิ	ญ	น	เ

นักบิน
ผลไม้
วังวน
ผ่านไป
วันพุธ
พิจารณา
จับ
ขอย้ำ
ของเหยื่อ
พวกเธอ
ยีราฟ
ส้อม
กำลั
ก่อนหน้านี้
ความขัดแย้ง
เกือบจะ
พายุ
แต่ละ
สูง
การเชื้อเชิญ

Puzzle 72

ข	ซ	เ	ร	◌ี	ย	น	ร	◌ู	◌้	ไ	เ	◌์	บ	ต
เ	◌ั	จ	◌่	า	ย	เ	ง	◌ิ	น	ห	ต	ล	◌่	ต
า	◌็	◌้	ค	โ	อ	เ	ย	า	ม	◌้	ร	◌ั	อ	◌ั
ร	ภ	◌ั	น	◌ั	ร	อ	ม	น	ม	ค	◌ี	ย	น	ว
ข	โ	ม	ย	ต	ซ	ค	า	ว	ย	ว	ย	◌้	◌้	แ
ย	ป	◌ั	ว	ก	อ	อ	ง	า	ท	า	ม	ว	◌ำ	ป
ส	า	ย	ล	ม	น	น	า	ร	ต	ม	พ	ป	◌่	ร
ส	◌ี	ม	◌่	ว	ง	◌๊	ง	า	◌ั	ร	ร	ร	◌ั	ป
ส	น	ไ	จ	◌ิ	น	◌ี	◌่	ย	ด	◌่	◌้	ะ	◌ิ	ห
ช	◌ั	◌่	ว	โ	ม	ง	ส	ก	ส	ว	อ	ช	ร	◌ั
ช	ม	◌ู	◌้	ม	ซ	◌ั	ง	า	◌ิ	ม	ม	◌ุ	ว	ร
ด	ซ	ห	น	◌๊	ย	◌ั	า	ร	น	ม	ม	ม	◌ั	ค
อ	บ	ร	◌ิ	ษ	◌ั	ท	◌่	า	ไ	◌ื	น	น	◌ิ	อ
ว	◌่	ฟ	ม	ง	ง	ซ	ช	ย	จ	อ	า	ห	◌็	◌่

เรียนรู้
รายการ
ขั้นตอน
ให้ความร่วมมือ
สีม่วง
ชั่วโมง
โรค
บ่อน้ำ
ขโมย
บริษัท
สายลม
เตรียมพร้อม
ประชุม
ตัดสินใจ
จ่ายเงิน
ป่วย
ตัวแปร
ทางออก
ช่างสง่างาม
สนใจ

Puzzle 73

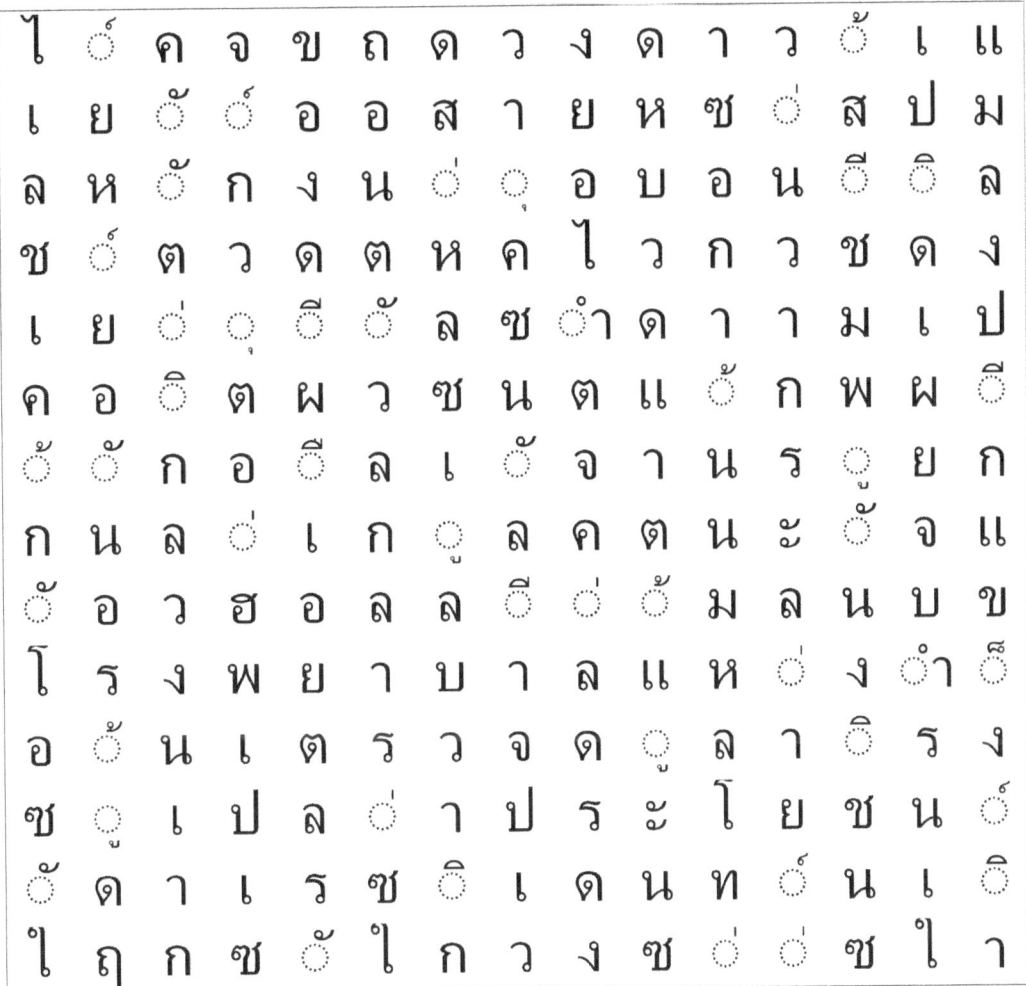

ไ	◌์	ค	จ	ข	ถ	ด	ว	ง	ด	า	ว	◌้	เ	แ
เ	ย	◌ั	◌์	อ	อ	ส	า	ย	ห	ซ	◌่	ส	ป	ม
ล	ห	◌ั	ก	ง	น	◌่	◌ุ	อ	บ	อ	น	◌ี	◌ิ	ล
ช	◌์	ต	ว	ด	ต	ห	ค	ไ	ว	ก	ว	ช	ด	ง
เ	ย	◌่	◌ุ	◌ี	◌ั	ล	ซ	◌ำ	ด	า	า	ม	เ	ป
ค	อ	◌ิ	ต	ผ	ว	ซ	น	ต	แ	◌้	ก	พ	ผ	◌ี
◌้	◌ั	ก	อ	◌ี	ล	เ	◌ั	จ	า	น	ร	◌ู	ย	ก
ก	น	ล	◌่	เ	ก	◌ู	ล	ค	ต	น	ะ	◌้	จ	แ
◌ั	อ	ว	ฮ	อ	ล	ล	◌ี	◌่	◌้	ม	ล	น	บ	ข
โ	ร	ง	พ	ย	า	บ	า	ล	แ	ห	◌่	ง	◌ำ	◌็
อ	◌้	น	เ	ต	ร	ว	จ	ด	◌ู	ล	า	◌ิ	ร	ง
ซ	◌ู	เ	ป	ล	◌่	า	ป	ร	ะ	โ	ย	ช	น	◌์
◌ั	ด	า	เ	ร	ซ	◌ิ	เ	ด	น	ท	◌์	น	เ	◌ิ
ไ	ฤ	ก	ซ	◌ั	ไ	ก	ว	ง	ซ	◌่	◌่	ซ	ไ	า

แมลงปีกแข็ง
ลูกเล่น
สีชมพู
ถอนตัว
ได้รับ
ของดี
ดวงดาว
ฤดูร้อน
คำแนะนำ
เหตุผล
เค้ก
ฮอลลี่
โรงพยาบาลแห่ง
ตรวจดู
เลือก
เรซิเดนท์
สาย
เปล่าประโยชน์
อบอุ่น
เปิดเผย

Puzzle 74

ม	◌ิ	◌๊	เ	ซ	ด	◌ั	ฟ	ม	ซ	น	ก	ก	า	ค
ส	า	ห	ร	ร	ต	อ	น	ท	◌ี	◌่	ห	ร	น	◌่
ซ	◌่	ก	◌์	ร	◌ี	ม	ค	น	ไ	ข	◌้	า	ส	◌๊
◌ิ	ค	ว	ก	า	ว	◌่	ก	ย	◌ี	ร	เ	ฟ	◌ั	น
ไ	◌่	น	น	ว	ร	น	อ	◌้	◌ี	ส	เ	◌ิ	ข	า
ด	อ	น	า	ห	◌่	ว	ย	ง	ล	◌่	า	ส	◌ุ	ด
น	น	ม	◌่	◌่	น	า	ก	ล	ท	ส	◌์	จ	ส	ย
ต	ข	◌ิ	ห	ม	น	◌ื	ล	ก	น	◌ั	ต	ม	ซ	า
ร	◌้	ภ	◌ี	ด	ว	ซ	◌่	ต	เ	ร	◌่	ป	น	ป
◌ี	า	◌ู	ก	อ	◌ี	ล	เ	ง	า	ท	ย	ว	น	น
ช	ง	ห	น	ง	ป	า	น	บ	ล	◌็	อ	ค	ไ	ไ
น	ม	ณ	◌๊	◌่	ว	ม	◌ุ	ม	ถ	น	น	ว	ว	ป
ด	ซ	◌ุ	แ	ว	◌่	น	ต	า	ก	◌ั	น	แ	ด	ด
ย	◌้	อ	น	ไ	ป	ต	◌้	น	เ	พ	ล	ง	ก	ไ

แว่นตากันแดด
ตกลง
บล็อค
ห่าน
ส่วนหนึ่ง
ตอนที่
มุมถนน
ทางเลือก
ย้อนไปต้นเพลง
เรื่องทั่วไป
ล่าสุด
กราฟ
เรียกว่า
สุขสันต์
คนไข้
มากกว่า
เสื้อ
อุณหภูมิ
ดนตรี
ค่อนข้าง

Puzzle 75

ฟ	อ	ล	ไ	า	น	ย	ร	า	ว	ร	เ	า	ั	่
ก	น	ง	า	๊	น	ภ	เ	ว	ก	ต	อ	น	ู	ซ
โ	เ	ล	่	า	ส	ั	ต	ว	์	น	้	บ	ก	ช
ฟ	จ	า	ร	้	ศ	เ	า	น	่	่	ี	ท	ๆ	่
ก	็	ท	อ	ง	า	ท	น	ิ	ด	เ	ร	า	ก	ว
ั	ด	ะ	ช	่	ง	ป	ู	น	ง	ิ	่	ั	ไ	ง
ส	ช	เ	ก	ั	ห	า	่	น	ิ	่	น	ั	น	น
่	้	ล	อ	ส	โ	ค	ล	ห	ิ	อ	้	้	ั	ี
ั	อ	ท	ก	ล	ห	้	อ	ง	ค	ร	ั	ว	ี	้
า	น	ร	้	ิ	ง	ว	ร	๊	า	า	น	ู	ย	พ
ย	เ	า	ฟ	ป	ว	็	ห	เ	ผ	า	น	จ	อ	ี
ย	พ	ย	ผ	ล	ป	ร	ะ	โ	ย	ช	น	์	ว	ก
ว	ล	เ	ล	่	ห	ก	ค	เ	ิ	์	ว	ซ	ั	ซ
ั	ง	ว	ิ	ท	ย	า	ศ	า	ส	ต	ร	์	ย	ว

วิทยาศาสตร์
เพลง
รอบๆ
ที่น่าเศร้า
ช้อน
สลิป
ล่าสัตว์
เผา
เล่
โคล

ผลประโยชน์
สั่ง
โฟกัส
พื้นดิน
เจ็ด
ช่วงนี้
ทะเลทราย
การเดินทาง
ห้องครัว
หัก

Puzzle 76

ก	น	ว	อ	ร	ว	ว	ห	◌ั	◌ั	ส	ม	แ	แ	เ
ซ	◌้	ก	ร	ก	ง	ด	ว	ภ	ย	น	ล	ม	ห	ส
◌่	ต	อ	◌่	ย	น	า	น	ม	า	◌ุ	อ	ง	◌้	◌ี
ท	ห	ต	อ	ร	น	ด	ป	ไ	ง	ก	ช	ม	ง	ย
◌๊	◌ี	ว	ย	◌ั	า	◌้	ห	า	◌่	ก	◌ุ	◌ุ	ก	ง
เ	ม	◌่	◌ุ	ส	บ	บ	แ	า	บ	◌ั	ม	ม	ร	ด
อ	ไ	◌ั	จ	เ	น	◌ิ	ส	ข	ย	บ	ช	เ	◌ั	◌ั
อ	ร	ห	ธ	ร	ก	โ	ห	เ	◌ี	ต	น	◌์	ง	ง
ย	ย	ม	า	ม	◌ิ	อ	ว	◌ู	ร	ม	◌ั	ด	ว	◌ี
ไ	ซ	ว	น	ว	ช	ง	◌ี	ภ	เ	ร	ว	ว	น	ว
ผ	◌้	า	ก	◌ั	น	เ	ป	◌ี	◌้	อ	น	◌ั	ไ	ก
ก	◌ั	ค	ว	า	ม	ถ	◌ู	ก	ต	◌้	อ	ป	◌ั	ป
◌ิ	ท	◌ั	า	โ	ต	◌้	ว	า	ท	◌ี	อ	ง	า	น
ล	ช	◌ี	ว	◌ิ	ต	ค	น	ว	ร	เ	น	โ	น	น

โต้วาที
หายตัวไป
โอ้
โกรธหรอ
อร่อย
เรียบง่าย
งาน
สนุกกับ
ความถูกต้อ
ผ้ากันเปื้อน
แห้งกรัง
ภูเขา
ที่จริง
ชุมชน
ทั้
ชีวิตคน
แบบสุ่ม
แมงมุม
เสียงดัง
หวี

Puzzle 77

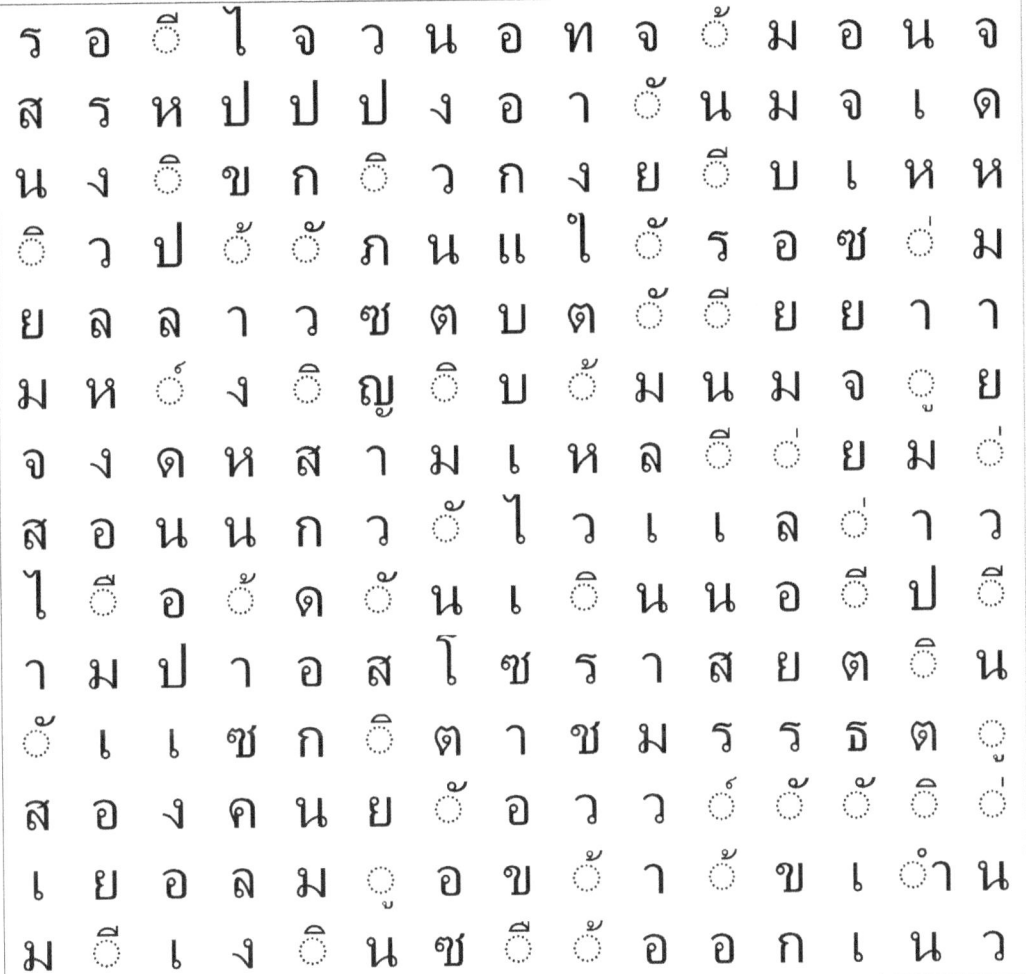

ร	อ	◌ี	ไ	จ	ว	น	อ	ท	จ	◌้	ม	อ	น	จ
ส	ร	ห	ป	ป	ป	ง	อ	า	◌ั	น	ม	จ	เ	ด
น	ง	◌ิ	ข	ก	◌ิ	ว	ก	ง	ย	◌ี	บ	เ	ห	ห
◌ิ	ว	ป	◌้	◌ั	ภ	น	แ	ไ	◌ั	ร	อ	ซ	◌่	ม
ย	ล	ล	า	ว	ซ	ต	บ	ต	◌ั	◌ี	ย	ย	า	า
ม	ห	◌์	ง	◌ิ	ญ	◌ิ	บ	◌้	ม	น	ม	จ	◌ู	ย
จ	ง	ด	ห	ส	า	ม	เ	ห	ล	◌ี	◌่	ย	ม	◌่
ส	อ	น	น	ก	ว	◌ั	ไ	ว	เ	เ	ล	◌่	า	ว
ไ	◌ี	อ	◌้	ด	◌ั	น	เ	◌ิ	น	น	อ	◌ี	ป	◌ี
า	ม	ป	า	อ	ส	โ	ซ	ร	า	ส	ย	ต	◌ิ	น
◌ั	เ	เ	ซ	ก	◌ิ	ต	า	ช	ม	ร	ร	ธ	ต	◌ู
ส	อ	ง	ค	น	ย	◌ั	อ	ว	ว	◌์	◌ั	◌ั	◌ิ	◌่
เ	ย	อ	ล	ม	◌ู	อ	ข	◌้	า	◌้	ข	เ	◌ำ	น
ม	◌ี	เ	ง	◌ิ	น	ซ	◌ี	◌้	อ	อ	ก	เ	น	ว

มีเงินซื้อ
ปอนด์
นำเข้าข้อมูล
ออกแบบ
รสนิยม
สองคน
เห่า
เมืองหลวง
นิตยสาร
จดหมาย
อยู่
ญิ่ง
ทางใต้
ไปข้างหน้า
เบียง
สามเหลี่ยม
ลอย
สอน
อัตโนมัติ
ธรรมชาติ

Puzzle 78

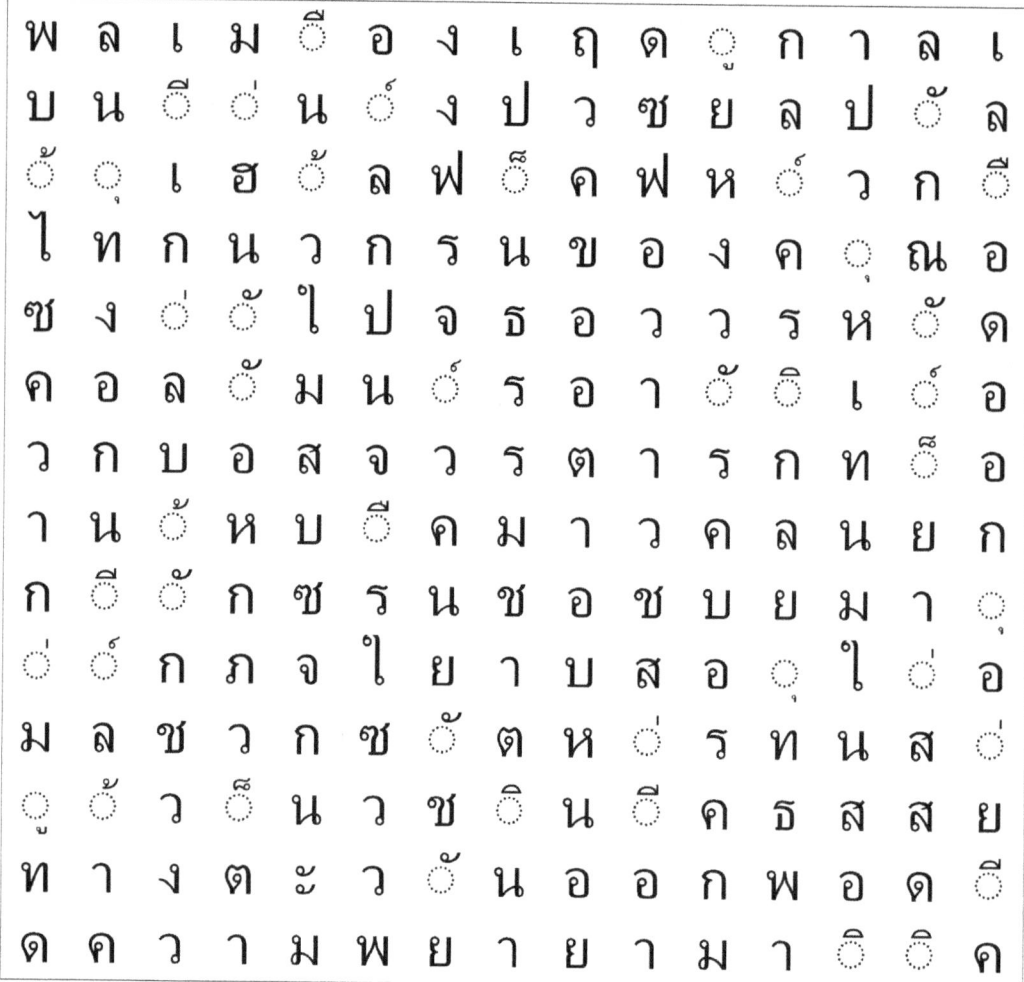

พ	ล	เ	ม	◌ี	อ	ง	เ	ถ	ด	◌ู	ก	า	ล	เ
บ	น	◌ี	◌่	น	◌์	ง	ป	ว	ซ	ย	ล	ป	◌ั	ล
◌้	◌ุ	เ	ฮ	◌้	ล	ฟ	◌็	ค	ฟ	ห	◌์	ว	ก	◌ี
ไ	ท	ก	น	ว	ก	ร	น	ข	อ	ง	ค	◌ุ	ณ	อ
ซ	ง	◌่	◌ั	ไ	ป	จ	ธ	อ	ว	ว	ร	ห	◌ั	ด
ค	อ	ล	◌ั	ม	น	◌์	ร	อ	า	◌ั	◌ิ	เ	◌์	อ
ว	ก	บ	อ	ส	จ	ว	ร	ต	า	ร	ก	ท	◌็	อ
า	น	◌้	ห	บ	◌ี	ค	ม	า	ว	ค	ล	น	ย	ก
ก	◌ี	◌ั	ก	ซ	ร	น	ช	อ	ช	บ	ย	ม	า	◌ุ
◌่	◌์	ก	ภ	จ	ไ	ย	า	บ	ส	อ	◌ุ	ไ	◌่	อ
ม	ล	ช	ว	ก	ซ	◌ั	ต	ห	◌่	ร	ท	น	ส	◌่
◌ู	◌้	ว	◌็	น	ว	ช	◌ิ	น	◌ี	ค	ธ	ส	ส	ย
ท	า	ง	ต	ะ	ว	◌ั	น	อ	อ	ก	พ	อ	ด	◌ี
ด	ค	ว	า	ม	พ	ย	า	ย	า	ม	า	◌ิ	◌ิ	ค

ชาร์ป
เฮ้
ครอบครัว
ทางตะวันออก
ความคืบหน้า
กลยุทธ
กองทุน
พลเมือง
เป็นธรรมชาติ
ความพยายาม
คอลัมน์
ฤดูกาล
สบายใจ
ส่าย
เลือดออก
บุก
พอดี
ของคุณ
วิทยุ
ตรวจสอบ

Puzzle 79

ไ	ต	ส	ม	ห	ช	ด	ว	ช	◌ั	อ	◌ั	ก	ล	ร
◌ั	ล	◌ี	◌ิ	ฟ	ม	ส	เ	า	ส	ว	ฟ	า	ว	ะ
ร	ะ	เ	บ	◌ิ	ด	อ	อ	ก	ม	า	ด	า	บ	บ
ภ	น	ค	ก	◌ุ	ท	ว	◌์	◌้	ภ	ช	ย	ด	น	◌ุ
◌ี	ด	◌ี	ส	◌ั	ว	ส	ส	ง	ก	◌ั	◌ี	ต	า	ต
ง	◌ุ	ง	า	น	ป	า	ร	◌์	ต	◌ี	◌้	◌้	า	◌ั
ล	ย	◌่	◌ั	ย	◌้	◌ี	ล	เ	◌ี	ป	ก	ง	น	ว
◌้	ห	ก	◌้	โ	ก	โ	น	◌ิ	ก	ป	◌่	ม	◌ี	ห
ก	า	ร	ล	ง	ท	◌ุ	น	◌้	ว	ป	น	◌ั	ป	น
แ	น	ะ	น	◌ำ	ไ	ห	◌้	ร	◌ู	◌้	จ	◌ั	ก	◌้
ซ	ม	ก	ด	ด	◌ั	น	อ	จ	า	◌ั	ไ	◌ู	ภ	า
ก	ย	◌ั	เ	ด	ร	◌ู	เ	ห	◌ั	ก	ภ	ส	ห	ท
อ	ไ	ม	◌่	ส	น	ไ	จ	ธ	ต	ม	ไ	ฟ	◌ั	◌ี
า	ส	า	◌ี	ม	น	ก	◌ั	น	อ	◌่	◌ี	พ	เ	◌่

แนะนำให้รู้จัก
ไม่สนใจ
วามชื้น
เพื่อนกัน
กินโกโก้
เธอ
โยน
ระบุตัว
สายตา
ระเบิดออก
หยุดนะ
งานปาร์ตี้
ดาบ
ปีน
สวัสดี
เลี้ย
กดดัน
การลงทุน
หน้าที่
ทุกคน

Puzzle 80

ม	ธ	โ	◌ิ	น	อ	ม	◌ื	ห	เ	◌ู	ด	ง	ช	อ
เ	◌ุ	ด	ช	บ	า	ง	ท	◌ี	ร	ล	า	อ	อ	ก
ล	ร	ด	ก	ห	ฝ	ว	อ	น	◌ื	ด	◌ิ	ข	◌ิ	ป
◌ี	ก	เ	ห	ย	◌ุ	บ	า	ข	◌่	ต	ไ	◌่	ป	ร
◌้	◌ิ	ด	ห	ม	◌่	บ	ซ	ว	อ	ก	น	◌ู	◌่	◌ิ
ย	จ	◌ี	ก	า	น	แ	◌ั	จ	ง	◌่	◌๊	ป	◌์	จ
ง	ว	◌่	ว	◌๊	เ	ก	ช	น	ส	◌่	พ	ง	ช	ภ
ม	ม	ย	ล	เ	ย	อ	ย	ซ	◌่	โ	ก	◌ู	ล	เ
ด	น	ว	ห	◌์	อ	◌ี	ส	เ	ว	ต	◌่	า	ง	◌ั
◌์	น	ช	◌ิ	ไ	ะ	ล	◌้	น	น	ว	◌ั	ภ	พ	ร
เ	น	ด	ฟ	◌๊	ๆ	เ	ต	◌้	ต	◌ู	ก	จ	แ	◌์
เ	ส	◌ื	◌้	อ	ผ	◌้	า	น	◌ั	ร	◌ั	ก	◌ำ	น
น	◌้	อ	ง	ส	า	ว	ต	ป	ว	น	ช	น	ก	ช
อ	า	ศ	◌ั	ย	อ	ย	◌ู	◌่	บ	◌ั	น	ท	◌ึ	ก

กำแพง
บางที
พ่อของ
ต่าง
มเลี้ยงมด
เลย
ดูเหมือน
เลือกแบบวง
อาศัยอยู่
ธุรกิจ
เรื่องส่วนตัว
เสื้อผ้า
ลาออก
น้องสาว
บันทึก
ฝุ่นเยอะๆ
ลูกโซ่
โดดเดี่ยว
รัก
ปู่ของ

Puzzle 81

เ	ซ	เ	พ	ด	ไ	ถ	ร	อ	ย	ร	ั	่	ว	น
พ	ต	ด	ร	ร	ั	ว	ื	ภ	น	น	ย	น	ิ	ก
ื	น	ี	ุ	ะ	เ	ว	น	อ	ย	ล	ก	อ	อ	จ
่	า	ย	่	ป	ย	ก	ย	ส	ม	า	ช	ิ	ก	่
อ	ว	ว	ง	ป	ภ	ั	ห	ส	น	ซ	ฐ	ั	ั	น
น	อ	ก	น	ั	ร	์	อ	ต	เ	ต	็	ู	ก	ส
ข	ส	ั	ี	ส	า	น	ป	ย	ป	ง	ก	น	อ	ั
อ	ี	น	้	น	ว	อ	ไ	า	็	ี	น	ว	บ	ั
ง	่	ั	ฑ	ะ	ร	ก	น	จ	น	ป	า	ก	ก	า
ส	น	ั	บ	ส	น	ุ	น	ย	ม	ั	า	ล	ก	ค
ก	็	ไ	ง	ฟ	ั	ั	ฟ	ว	ิ	็	ฟ	่	ภ	ร
ิ	ั	จ	ไ	น	ส	ิ	ด	ั	ต	ร	า	ก	ี	ู
่	่	ล	า	บ	า	ย	พ	ง	ร	โ	็	ง	ั	ไ
ิ	ว	ู	ี	ไ	ข	่	ห	ั	ว	เ	ข	่	า	อ

เป็นมิตร   จนกระทั่

ปากกา   โรงพยาบาล

รอยรั่ว   หัวเข่า

เพื่อนของ   พรุ่งนี้

การตัดสินใจ   เดียวกัน

สกุ๊ตเตอร์   ถือ

สับปะรด   ด้วย

สมาชิก   บอก

ไข่   สี่

สนับสนุน   อูฐ

Puzzle 82

ม	ช	น	อ	น	จ	ไ	ภ	ห	ว	ก	ม	ว	เ	ก
ท	เ	ศ	ร	◌้	า	◌๊	จ	ก	า	ล	◌์	◌ั	ม	◌ั
◌ี	จ	◌ิ	◌ี	ร	◌๊	ห	◌่	ภ	ว	◌้	ม	น	◌ี	ญ
◌่	เ	เ	ร	◌์	ท	น	◌ั	จ	ง	ว	ด	ว	อ	ช
เ	◌ั	ล	◌ั	◌่	จ	ด	ส	น	อ	ย	ค	า	ง	า
ห	ว	อ	◌้	ด	ส	◌ี	◌ั	เ	ท	ไ	ว	เ	น	า
ม	ห	ร	ย	า	ฉ	◌่	น	◌้	◌ื	ข	า	ล	◌ี	ย
า	◌้	ม	◌ิ	ต	ท	◌ี	ต	ว	อ	น	ม	น	◌้	บ
ะ	ค	◌ั	ง	ซ	◌้	ท	◌ิ	ง	น	ต	เ	ไ	ห	า
ส	อ	พ	ย	พ	า	ส	า	ก	◌ุ	ห	ง	ท	ไ	ง
ม	◌้	น	◌ี	า	ย	า	ว	ล	ญ	า	◌ี	น	◌ำ	ค
ม	ข	◌ั	◌ั	อ	ร	ก	ช	ม	า	ล	ย	◌์	ท	น
ซ	◌์	ป	◌ิ	ด	ถ	อ	า	า	ต	◌๊	บ	◌ี	อ	อ
เ	อ	ล	ม	ง	◌ั	โ	เ	ศ	ร	ษ	ฐ	ก	◌ิ	จ

บางคน
ทำให้
ขึ้นฉ่าย
วันวาเลนไทน์
เศรษฐกิจ
กล้วย
ดวงจันทร์
อพยพ
ท้ายรถ
ข้อค

โอกาสที่ดี
วงกลม
มที่เหมาะสม
ทอง
อนุญาต
สันติ
กัญชา
เมืองนี้
เศร้า
ความเงียบ

Puzzle 83

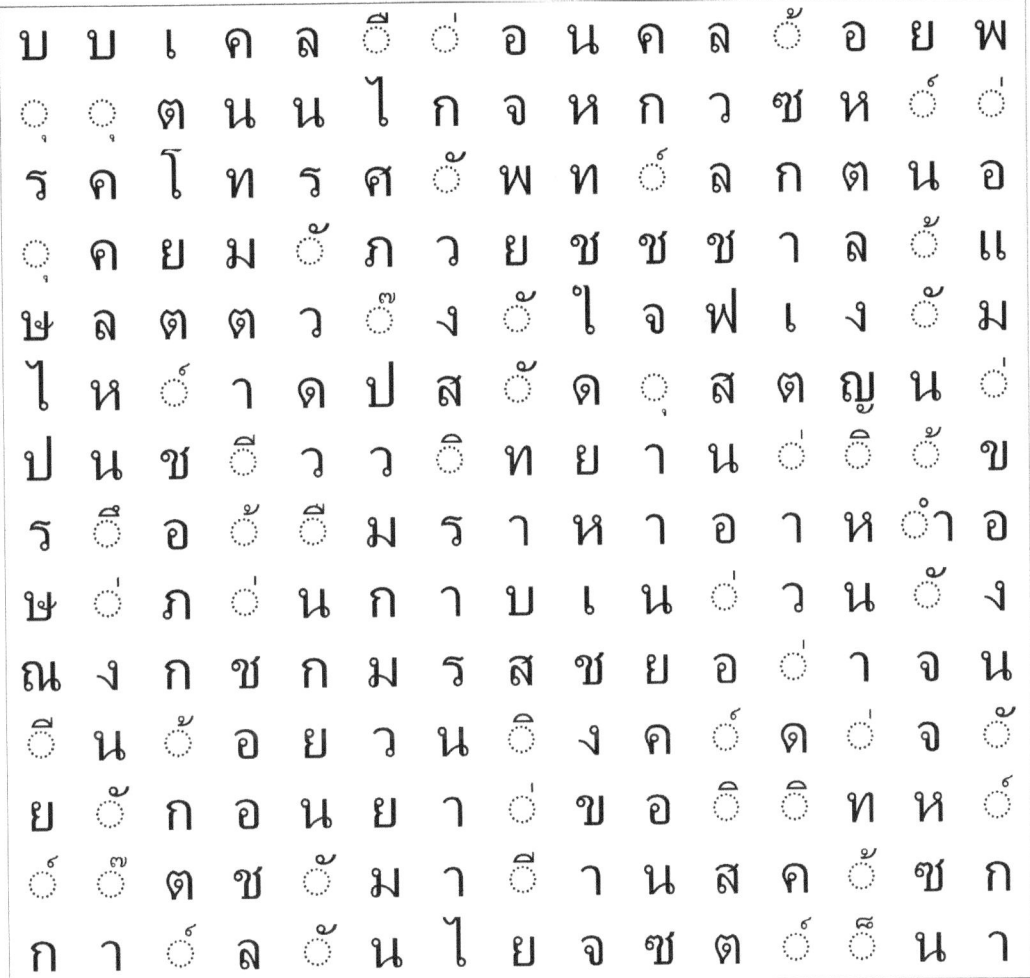

บ	บ	เ	ค	ล	◌ี	◌่	อ	น	ค	ล	◌้	อ	ย	พ
◌ุ	◌ุ	ต	น	น	ไ	ก	จ	ห	ก	ว	ซ	ห	◌์	◌่
ร	ค	โ	ท	ร	ศ	◌ั	พ	ท	◌์	ล	ก	ต	น	อ
◌ุ	ค	ย	ม	◌ั	ภ	ว	ย	ช	ช	ช	า	ล	◌้	แ
ษ	ล	ต	ต	ว	◌๊	ง	◌ั	ไ	จ	ฟ	เ	ง	◌ั	ม
ไ	ห	◌์	า	ด	ป	ส	◌ั	ด	◌ุ	ส	ต	ญ	น	◌่
ป	น	ช	◌ี	ว	ว	◌ิ	ท	ย	า	น	◌่	◌ิ	◌้	ข
ร	◌ื	อ	◌้	◌ี	ม	ร	า	ห	า	อ	า	ห	◌ำ	อ
ษ	◌่	ภ	◌่	น	ก	า	บ	เ	น	◌่	ว	น	◌ั	ง
ณ	ง	ก	ช	ก	ม	ร	ส	ช	ย	อ	◌่	า	จ	น
◌ี	น	◌้	อ	ย	ว	น	◌ิ	ง	ค	◌์	ด	◌่	จ	◌ั
ย	◌ั	ก	อ	น	ย	า	◌่	ข	อ	◌ิ	◌ิ	ท	ห	◌์
◌์	◌๊	ต	ช	◌ั	ม	า	◌ี	า	น	ส	ค	◌้	ซ	ก
ก	า	◌์	ล	◌ั	น	ไ	ย	จ	ซ	ต	◌์	◌็	น	า

อ่อน
ก่อน
ท่านหญิง
พ่อแม่ของ
สองสาม
ชีววิทยา
อาหารมื้อ
สุดสัปดาห์
อข่ายนอก
กลาง
นั้น
คิดว่า
ยี่สิบ
น้ำ
โทรศัพท์
บุรุษไปรษณีย์
บุคคลหนึ่ง
เคลื่อนคล้อย
เต่า
น้อย

Puzzle 84

ต	ว	◌ิ	ล	◌ิ	ก	า	ร	เ	ส	◌ี	◌่	อ	ม	แ
บ	◌ั	จ	จ	ว	ร	ต	◌ั	ฟ	า	ฟ	ด	◌ั	ช	ท
ค	เ	ว	จ	◌ำ	น	ว	น	ม	า	ก	ค	◌็	◌่	◌้
ว	ซ	ข	อ	เ	ม	ว	ก	ย	◌ั	ป	ย	ฟ	ก	จ
า	อ	อ	◌ี	ย	า	ย	ห	◌ี	ฟ	ว	◌ั	ต	ง	ร
ม	ร	แ	ล	ค	◌่	◌ั	ก	ม	◌ี	ห	เ	◌ู	ด	◌ิ
เ	◌์	น	ห	ว	ก	า	โ	◌็	ไ	ร	ก	ย	แ	ง
ค	ไ	ะ	เ	า	เ	ช	ง	ต	◌้	อ	◌้	ร	◌ี	ม
า	พ	น	ล	ม	ง	◌่	อ	เ	ว	ด	◌็	◌ู	ส	◌ุ
ร	ร	◌ำ	◌ู	ก	อ	ร	◌่	น	ช	เ	ข	◌้	า	ม
พ	ส	ไ	ก	ล	ข	ถ	◌ี	อ	ว	◌่	ห	ภ	ม	ม
เ	◌์	ห	แ	◌ั	ร	บ	ร	ก	◌็	ด	น	ป	ก	อ
ช	ไ	◌้	ก	ว	◌์	◌ั	เ	◌ู	น	ว	ก	ว	◌ั	ง
น	ฟ	น	ะ	◌ิ	◌่	ส	ค	◌ุ	◌้	น	เ	ค	ย	ก

ตัวอย่างเช่น
มุมมอง
เหลือ
เซอร์ไพรส์
ขอแนะนำให้
จำนวนมาก
คุ้นเคย
เรื่องโกหก
ตรวจจับ
ความกลัว
ความเคารพ
เข้า
การเสื่อม
สีแดง
ลูกแกะ
แท้จริง
ของเก่า
รถบัส
เต็ม
ดูเหมี

Puzzle 85

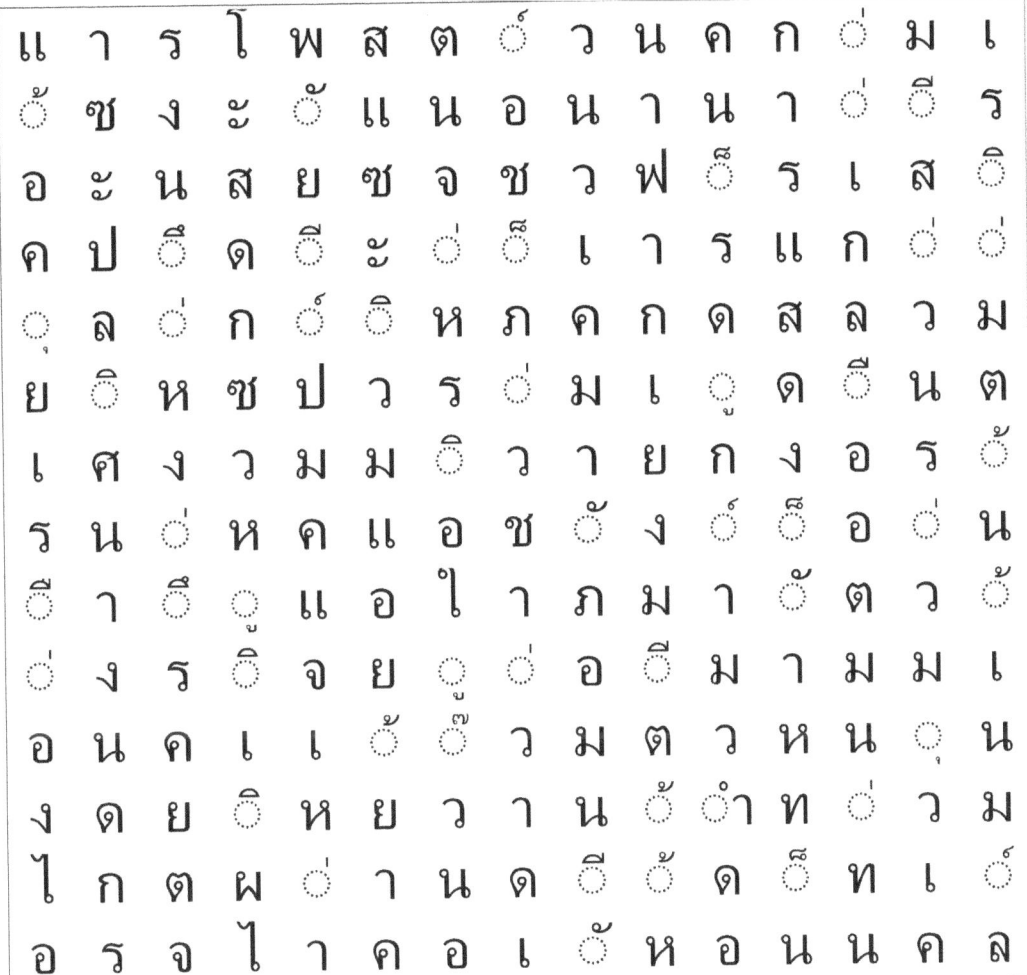

แ	า	ร	โ	พ	ส	ต	◌์	ว	น	ค	ก	◌่	ม	เ
◌้	ซ	ง	ะ	◌ั	แ	น	อ	น	า	น	า	◌่	◌ี	ร
อ	ะ	น	ส	ย	ซ	จ	ช	ว	ฟ	◌็	ร	เ	ส	◌ิ
ค	ป	◌ึ	ด	◌ี	ะ	◌่	◌็	เ	า	ร	แ	ก	◌่	◌่
◌ุ	ล	◌่	ก	◌์	◌ิ	ห	ภ	ค	ก	ด	ส	ล	ว	ม
ย	◌ิ	ห	ซ	ป	ว	ร	◌่	ม	เ	◌ู	ด	◌ี	น	ต
เ	ศ	ง	ว	ม	ม	◌ิ	ว	า	ย	ก	ง	อ	ร	◌้
ร	น	◌่	ห	ค	แ	อ	ช	◌ั	ง	◌์	◌็	อ	◌่	น
◌ี	า	◌ึ	◌ู	แ	อ	ไ	า	ภ	ม	า	◌ั	ต	ว	◌้
◌่	ง	ร	◌ิ	จ	ย	◌ู	◌่	อ	◌ี	ม	า	ม	ม	เ
อ	น	ค	เ	เ	◌้	◌๊	ว	ม	ต	ว	ห	น	◌ุ	น
ง	ด	ย	◌ิ	ห	ย	ว	า	น	◌้	◌ำ	ท	◌่	ว	ม
ไ	ก	ต	ผ	◌่	า	น	ด	◌ี	◌้	ด	◌็	ท	เ	◌์
อ	ร	จ	ไ	า	ค	อ	เ	◌ั	ห	อ	น	น	ค	ล

แคมป์
มีอยู่จริง
งานศิลปะ
มีส่วนร่วม
โพสต์
คุยเรื่อง
แมว
ผ่าน
เริ่มต้น
น้ำท่วม

การแสดง
หนุน
แซนด์วิช
เดาว่า
เท็ดดี้
ครึ่งหนึ่ง
นาน
เกลือ
แจ็คเก็ต
ระยะห่าง

Puzzle 86

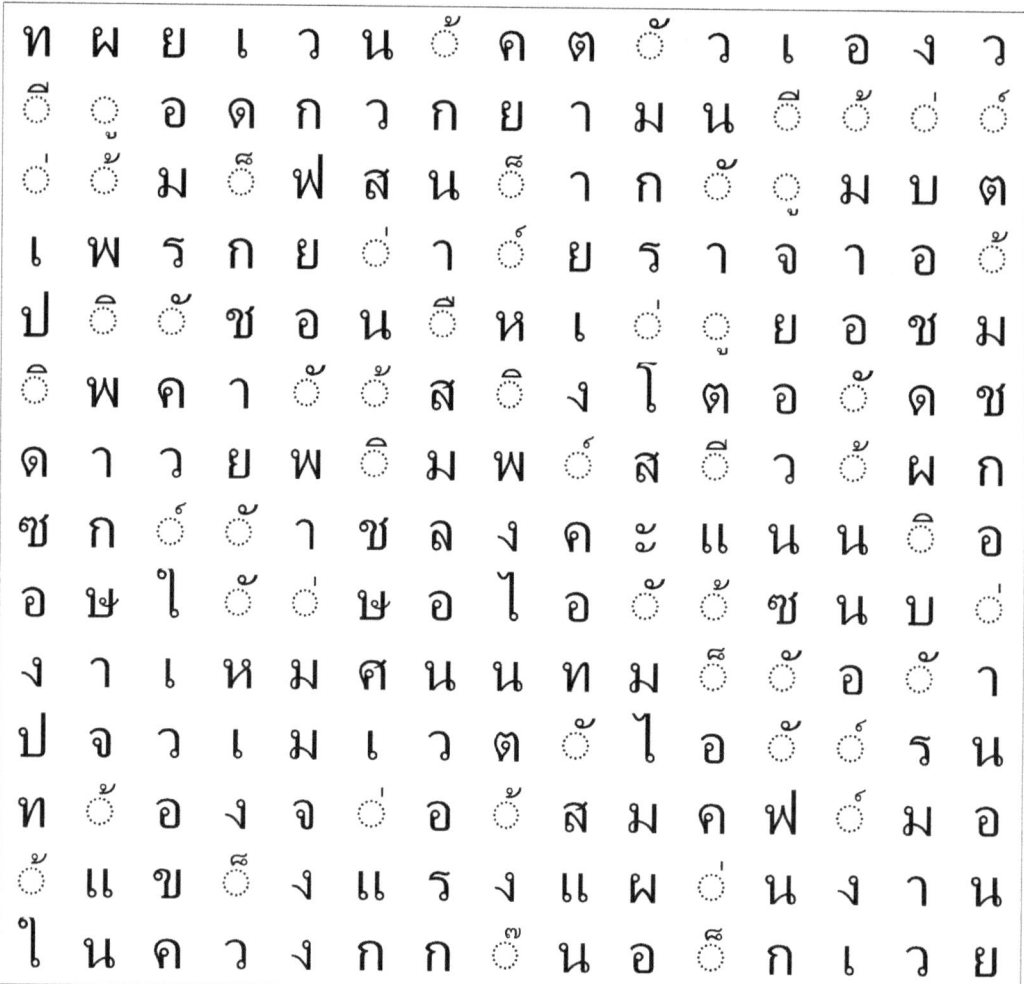

ท	ผ	ย	เ	ว	น	◌้	ค	ต	◌ั	ว	เ	อ	ง	ว
◌ี	◌ู	อ	ด	ก	ว	ก	ย	า	ม	น	◌ี	◌้	◌่	◌์
◌่	◌้	ม	◌็	ฟ	ส	น	◌็	า	ก	◌ั	◌ู	ม	บ	ต
เ	พ	ร	ก	ย	◌่	า	◌์	ย	ร	า	จ	า	อ	◌้
ป	◌ิ	◌ั	ช	อ	น	◌ี	ห	เ	◌่	◌ู	ย	อ	ช	ม
◌ิ	พ	ค	า	◌ั	◌้	ส	◌ิ	ง	โ	ต	อ	◌ั	ด	ช
ด	า	ว	ย	พ	◌ิ	ม	พ	◌์	ส	◌ี	ว	◌้	ผ	ก
ซ	ก	◌์	◌ั	า	ช	ล	ง	ค	ะ	แ	น	น	◌ิ	อ
อ	ษ	ไ	◌ั	◌่	ษ	อ	ไ	อ	◌ั	◌้	ซ	น	บ	◌่
ง	า	เ	ห	ม	ศ	น	น	ท	ม	◌็	◌ั	อ	◌ั	า
ป	จ	ว	เ	ม	เ	ว	ต	◌ั	ไ	อ	◌ั	◌์	ร	น
ท	◌้	อ	ง	จ	◌่	อ	◌้	ส	ม	ค	ฟ	◌์	ม	อ
◌้	แ	ข	◌็	ง	แ	ร	ง	แ	ผ	◌่	น	ง	า	น
ไ	น	ค	ว	ง	ก	ก	◌๊	น	อ	◌็	ก	เ	ว	ย

อยู่เหนือ
เด็กชาย
ท้อง
อ่าน
เนคไท
เศษชิ้นส่วน
แผ่นงาน
ผู้พิพากษา
พิมพ์สี
ค้น
อาจารย์
ยอมรั
ลงคะแนน
แข็งแรง
ที่เปิดซอง
ใหม่
ต้ม
วามรับผิดชอบ
สิงโต
ตัวเอง

Puzzle 87

บ	จ	เ	เ	พ	ร	า	ะ	ว	◌่	า	ก	จ	ไ	ย
◌์	◌่	◌ั	ป	◌์	ย	◌ั	ก	◌ั	น	า	◌์	ว	◌ั	น
◌ิ	ป	อ	ไ	ล	◌ิ	ก	◌็	◌่	◌ั	◌ั	◌์	ก	ห	ก
น	ล	น	ย	ข	◌ี	เ	ก	◌ั	น	ว	◌่	ส	ช	ย
ภ	◌้	ต	อ	ค	ส	◌่	อ	ส	◌ุ	ด	ท	◌้	า	ย
า	น	น	อ	น	ร	น	ย	ท	◌ำ	ง	า	น	ด	◌ิ
ษ	ย	◌ั	ซ	น	น	◌ั	◌ั	น	เ	อ	ห	◌ั	ซ	ก
◌ี	ค	ไ	◌์	ย	เ	ช	◌้	ไ	บ	◌ั	ร	ว	โ	ก
น	◌ุ	ฟ	ห	ซ	อ	ก	ฟ	ง	อ	ข	น	◌้	◌ุ	ห
อ	ณ	น	า	ด	◌ู	ย	ร	ช	◌ุ	ด	ส	ะ	ส	ม
ม	◌่	า	◌ั	◌้	ว	ป	ว	ด	ก	◌ั	ม	◌่	◌็	◌ั
พ	◌ิ	พ	◌ิ	ธ	ภ	◌ั	ณ	ฑ	◌์	ก	ง	ด	◌ี	ก
ก	า	ร	เ	ค	ล	◌ื	◌่	อ	น	ไ	ห	ว	◌ั	น
ไ	ค	ว	า	ม	ก	ว	◌้	า	ง	แ	ข	น	ซ	ต

บ่อยครั้ง
ความกว้าง
สุดท้าย
ทำงาน
การเคลื่อนไหว
แขน
ปล้น
คุณ
พิพิธภัณฑ์
ชุดสะสม

โซดา
ส่วน
เปลี่ยน
รับใช้
ตอนเกรด
นักเขียน
ภาษี
เพราะว่า
หุ้นของ
วัน

Puzzle 88

พ	ห	น	ั	ง	ส	ื	อ	พ	ิ	ม	พ	์	ว	ป
ำ	ร	เ	ก	ม	ส	์	ฮ	อ	ก	ก	ี	้	า	ร
น	ี	้	ง	อ	ร	ื	่	เ	ย	า	ย	ิ	น	ะ
ั	ร	ก	อ	ล	ี	เ	ว	ั	ต	้	า	ต	อ	ท
ู	ู	ต	ม	ม	ล	ช	้	์	ก	ช	ช	ั	ี	ั
ผ	้	เ	ง	น	ึ	น	อ	ื	ด	เ	า	ด	ต	บ
์	จ	ก	ท	ร	า	ช	ิ	น	ี	ร	้	ป	เ	ไ
ว	ั	่	ห	้	ว	ย	อ	ย	็	า	จ	ป	ำ	จ
เ	ก	็	้	จ	า	น	ว	ถ	ว	ห	เ	ก	ค	น
ร	ู	ป	ล	ั	ก	ษ	ณ	์	ี	า	า	า	ั	ช
เ	ร	ี	่	อ	ง	ซ	ค	เ	ข	อ	จ	ก	ต	ก
น	ห	ล	๊	ิ	จ	ต	อ	ช	้	อ	ี	ว	ั	่
ด	ภ	ก	ร	เ	ิ	ด	อ	น	า	ง	า	ม	ว	่
ห	ป	ก	ก	ง	ั	ซ	ซ	ก	ม	ก	จ	่	ั	น

งานอดิเรก
ตัวเลือก
เกมส์ฮอกกี้
ประทับใจ
ราชินี
เดือนนึง
คำเตือน
นิยายเรื่องนี้
เจ้าชาย
พร้อม
รู้จัก
ข้าม
หนังสือพิมพ์
ตัด
เรื่อง
รูปลักษณ์
ผู้นำ
มือถือ
เท้า
อาหารเช้า

Puzzle 89

◌่	ด	ก	◌ี	บ	ย	◌ี	ง	เ	น	ก	◌์	น	ย	ก
ด	ด	ซ	◌์	ช	◌ี	เ	ข	◌้	า	ว	โ	พ	ด	ว
◌ิ	า	◌ิ	ย	ว	ด	ห	ส	ก	ห	ม	ห	ต	◌่	ป
ว	ว	ง	ล	◌ั	ห	◌ี	ท	◌ี	ไ	ห	ม	ล	ม	◌์
ก	◌ิ	เ	ฟ	เ	ย	ง	น	า	ย	ซ	ก	ม	◌ิ	เ
ร	ก	ธ	เ	◌ั	◌ุ	อ	า	ช	ญ	า	ก	ร	ร	ม
ะ	ร	ไ	◌ี	◌้	◌่	จ	◌ั	ด	ก	า	ร	ไ	ห	◌้
ร	ะ	ก	า	ก	น	า	ธ	ะ	ร	ป	น	า	◌่	ท
อ	ท	น	◌ั	◌ั	า	◌ิ	ย	◌ั	า	ต	◌้	ง	ก	ห
ก	◌่	จ	ต	น	ก	ร	◌์	ม	ค	ณ	◌ู	ค	ย	า
ย	อ	ค	◌็	ห	ม	ก	ก	ม	า	ร	ต	ส	ห	ไ
◌ี	ม	ป	ร	ะ	ช	า	ก	ร	น	ม	จ	◌ิ	◌ั	น
ป	ม	◌ิ	ไ	จ	ส	ง	า	ว	ธ	◌่	◌ั	◌ั	ไ	◌์
เ	◌ิ	เ	ด	◌ิ	น	แ	บ	บ	อ	◌ิ	ส	ร	ะ	ก

จัดการให้
กระรอก
กระท่อม
ยืดหยุ่น
เสีย
ประชากร
ท่านประธาน
เดินแบบอิสระ
คุณ
ข้าวโพด
หนัก
ทีหลัง
ธนาคาร
สูตร
หมวก
วิธีการ
ตู้
เงียบ
เปียก
อาชญากรรม

Puzzle 90

ล	ต	◌ู	◌์	ม	ห	ร	ก	จ	น	ช	◌ิ	ย	น	ส
ก	ล	า	ง	เ	ม	◌ื	อ	◌ิ	ม	◌ิ	า	น	น	ม
ส	ร	อ	โ	ค	◌ั	ช	ห	า	จ	◌ู	ฟ	ต	ช	◌ุ
น	ล	◌ู	บ	า	อ	ร	แ	ห	ว	ก	ก	◌ิ	ก	ด
◌ั	ฟ	ก	ร	ก	ร	ม	พ	◌่	ห	น	ร	อ	ก	บ
เ	ถ	ก	◌๊	ม	◌ู	เ	ง	◌์	ม	ค	ย	ร	ร	◌ั
◌ั	◌ึ	บ	บ	ะ	ร	ล	แ	ด	◌ู	◌้	◌ู	ผ	ม	น
ซ	ง	ร	า	ก	ต	◌ิ	บ	◌ั	◌ิ	ฏ	ป	ว	◌ั	ท
ซ	เ	◌ิ	ก	ช	◌ู	ต	ส	ม	◌ั	ค	ร	ไ	จ	◌ึ
◌ุ	ว	ก	◌่	ร	◌ั	◌่	อ	ร	◌๊	ว	ต	◌ื	ก	ก
ป	ล	า	ด	น	ห	◌ำ	ก	อ	◌้	ข	จ	◌์	ไ	ไ
ต	า	ร	เ	ซ	◌็	น	ท	ร	◌ั	ล	เ	ด	อ	ว
อ	า	ภ	ถ	◌ุ	ง	เ	ท	◌้	า	เ	ช	ว	จ	◌้
อ	โ	ง	◌่	◌็	น	น	ซ	น	เ	ก	ส	ก	ร	ไ

กิจกรรม
เชส
แพง
โง่
ผู้ดูแลระบบ
ถุงเท้า
ลูกบอล
สมัครใจ
เซ็นทรัล
ซุป
โค้ช
สมุดบันทึกไว้
ตึก
จมูก
ต่ำ
กลางเมือ
ถึงเวลา
ข้อกำหนด
ปฏิบัติการ
บริการ

Puzzle 91

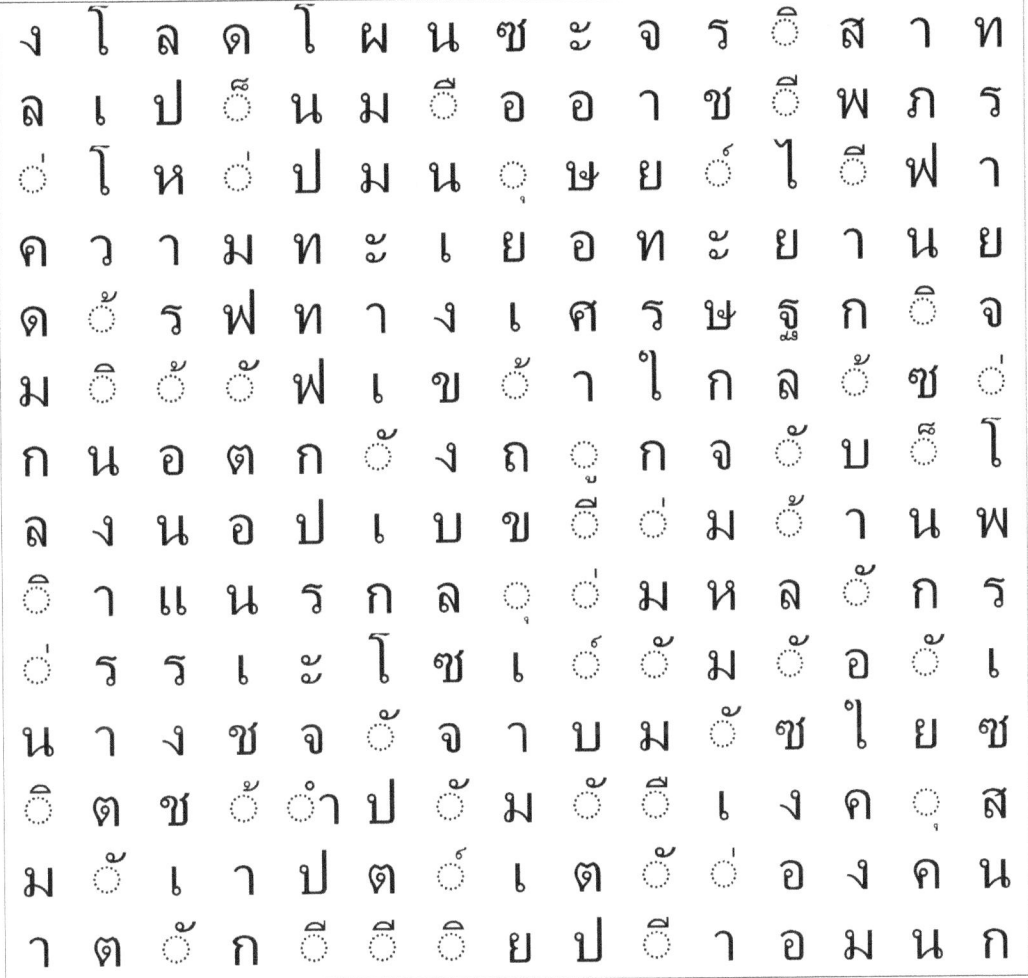

ง	โ	ล	ด	โ	ผ	น	ซ	ะ	จ	ร	◌ิ	ส	า	ท
ล	เ	ป	◌็	น	ม	◌ี	อ	อ	า	ช	◌ี	พ	ภ	ร
◌่	โ	ห	◌่	ป	ม	น	◌ุ	ษ	ย	◌์	ไ	◌ี	ฟ	า
ค	ว	า	ม	ท	ะ	เ	ย	อ	ท	ะ	ย	า	น	ย
ด	◌้	ร	ฟ	ท	า	ง	เ	ศ	ร	ษ	ฐ	ก	◌ิ	จ
ม	◌ิ	◌้	◌ั	ฟ	เ	ข	◌้	า	ใ	ก	ล	◌้	ซ	◌่
ก	น	อ	ต	ก	◌ั	ง	ถ	◌ู	ก	จ	◌ั	บ	◌็	โ
ล	ง	น	อ	ป	เ	บ	ข	◌ี	◌่	ม	◌้	า	น	พ
◌ิ	า	แ	น	ร	ก	ล	◌ุ	◌่	ม	ห	ล	◌ั	ก	ร
◌่	ร	ร	เ	ะ	โ	ซ	เ	◌์	◌ั	ม	◌ั	อ	◌ั	เ
น	า	ง	ช	จ	◌ั	จ	า	บ	ม	◌ั	ซ	ใ	ย	ซ
◌ิ	ต	ช	◌้	◌ำ	ป	◌ั	ม	◌ั	◌ี	เ	ง	ค	◌ุ	ส
ม	◌ั	เ	า	ป	ต	◌์	เ	ต	◌ั	◌่	อ	ง	ค	น
า	ต	◌ั	ก	◌ี	◌ี	◌ิ	ย	ป	◌ี	า	อ	ม	น	ก

บัฟฟาโล
ร้อนแรง
ความทะเยอทะยาน
ประจำปี
มนุษย์
ถูกจับ
โจมตี
ทราย
ตารางนิ้ว
งโลดโผนซะจริ
โพรเซส
ดมกลิ่น
ขี่ม้า
ตอนเช้า
ทางเศรษฐกิจ
เบื่อ
เข้าใกล้
เป็นมืออาชีพ
คุยกัน
กลุ่มหลัก

Puzzle 92

ไ	ด	า	ร	◌์	อ	ต	เ	ป	อ	ค	◌ิ	ล	ฮ	เ
ม	น	◌ุ	ษ	ย	◌์	ส	น	◌ั	◌ั	ม	ซ	ป	ง	◌ั
ร	อ	ย	ย	ย	ย	น	◌้	น	ด	ญ	ห	ซ	า	ย
า	ม	ส	อ	ห	ก	ล	◌ำ	ร	ว	◌๊	ห	◌ั	ท	น
ย	ว	◌ั	ล	ม	ผ	◌ี	ม	◌์	ง	◌์	ด	า	น	ข
ง	า	เ	น	ล	◌ู	า	ะ	อ	จ	◌ิ	◌ิ	◌ั	◌้	ป
า	ม	◌ั	ก	ว	◌้	ส	น	ต	◌ั	ม	ช	◌ั	ส	จ
น	จ	ค	ย	◌ั	ไ	ว	า	เ	น	◌๊	◌ั	ก	เ	น
ป	ร	ม	◌่	น	ห	า	ว	ว	ท	ก	า	ง	◌ิ	ต
◌้	◌ิ	ล	น	ย	ญ	◌้	◌็	◌ิ	ร	ก	จ	ก	ก	ค
◌่	ง	◌ั	◌ั	ย	◌่	ข	ไ	พ	◌์	ย	◌ั	◌ั	ม	ร
ค	◌ิ	ด	ผ	◌ิ	ด	อ	น	ม	ย	ห	ไ	น	◌ิ	ก
◌๊	ม	น	ด	เ	◌่	ป	◌้	อ	น	ม	จ	◌่	ม	ร
ค	ว	า	ม	ส	น	ไ	จ	ค	จ	◌ู	ค	◌ิ	◌์	น

เฮลิคอปเตอร์
น้ำมะนาว
ความสนใจ
หยุด
ข้าวสาลี
ปัญหา
หมู
ป้อน
เส้นทาง
ผู้ใหญ่
คอมพิวเตอร์
คิดผิด
ขนาด
รายงาน
วามจริง
มังกร
ลอย
ไข่
ดวงจันทร์
มนุษย์

Puzzle 93

◌์	ก	ล	◌ู	ก	โ	ป	◌่	ง	ค	◌ั	ม	ร	ว	ซ
ร	จ	ง	ร	แ	ง	◌็	ข	แ	น	◌ั	ว	◌ู	◌ิ	จ
อ	◌่	ต	ร	◌ั	น	ม	◌ั	ว	ห	◌ั	า	◌้	จ	เ
ม	ค	ซ	ฟ	◌ี	ก	า	ว	เ	อ	ห	ว	จ	ก	ร
เ	ด	◌ิ	น	ไ	ป	ษ	ก	ล	ย	า	◌ั	◌ั	า	ซ
ม	◌ี	ย	อ	◌ี	ง	น	า	น	เ	ย	น	ก	ร	ท
ฮ	ค	◌ี	◌้	ท	◌่	ม	ด	◌ิ	◌้	ต	จ	ร	เ	◌ี
แ	ช	ด	ร	ง	◌ั	ท	ป	◌ู	ไ	◌ั	◌ั	ล	ส	◌่
ม	โ	ห	ม	า	ส	◌็	◌ี	ย	น	ว	น	น	◌ี	ฝ
ว	◌่	ย	า	บ	จ	ไ	◌ั	◌่	ก	ไ	ท	ก	◌่	น
◌ู	◌ี	◌ุ	ว	◌ี	◌ั	◌ิ	ต	◌้	◌่	ป	ร	น	อ	ต
อ	ท	◌่	ค	ซ	า	◌้	ก	◌็	ช	◌ู	◌์	◌ั	ม	ก
◌ี	น	น	ก	ภ	า	พ	น	◌ิ	◌่	ง	ย	ป	◌ิ	า
เ	ค	โ	ร	ง	ล	ะ	ค	ร	ก	◌ั	ป	อ	ม	◌์

โรงละคร
คนที่โชคดี
รักษา
เจ้าหัวมัน
ภาพนิ่ง
เดินไป
ที่ฝนตก
ความร้อน
แฮมเมอร์
ต่อ
วันจันทร์
อยู่ที่นี่
กลูกโป่ง
สั่ง
หายตัวไป
บางที
การเสื่อม
แข็งแรง
รู้จัก
ยืดหยุ่น

Puzzle 94

ข	ส	โ	น	ว	◌์	ช	ช	◌ู	◌ั	า	ต	เ	อ	ย
ว	◌้	◌ั	◌ั	◌ี	ห	น	◌ั	◌๊	ว	ร	◌้	◌่	◌็	ถ
ไ	ฟ	า	ก	◌ั	ส	◌้	ม	◌้	า	◌้	ส	◌ั	◌ิ	◌ู
พ	◌ี	ช	ง	◌ั	า	จ	ว	ว	น	ศ	◌่	◌่	ล	ก
ภ	ม	◌่	ไ	ไ	อ	า	อ	◌่	◌์	เ	ง	น	า	ต
◌้	ฟ	◌ู	ว	ม	น	ก	ว	◌้	ศ	า	ร	ท	บ	◌้
ช	◌่	อ	ง	ว	◌่	า	ง	◌ั	ท	น	◌์	◌ี	า	อ
ด	ด	แ	ว	น	ร	ว	◌็	น	◌ั	◌่	ก	◌่	ย	อ
◌ิ	น	ด	ม	◌็	◌่	ร	ก	ซ	ย	◌่	ศ	ก	พ	น
ผ	ก	จ	ไ	ว	า	า	◌ี	◌๊	ส	◌ี	◌ุ	◌ุ	ง	เ
ม	◌ี	ค	ว	า	ม	ผ	◌ิ	ด	◌ั	ท	น	ท	ร	ก
า	ช	◌์	ย	น	◌ิ	◌ี	◌่	ต	◌ิ	ง	◌ั	ก	โ	◌ิ
ว	◌๊	ว	า	ห	า	ว	อ	ไ	ว	ป	ว	ช	า	ด
ค	ก	◌ี	◌้	ก	อ	ฮ	◌์	ส	ม	ก	เ	◌ั	ด	า

ความผิด
ถูกต้อ
จาก
ช่องว่าง
ชั้นเรียน
แวน
วันศุกร์
มีความผิด
พืช
ข้างใน
เปิด
เกิด
เตา
สโนว์
ส่ง
ทุกที่
วิสัยทัศน์
ที่น่าเศร้า
โรงพยาบาล
เกมส์ฮอกกี้

Puzzle 95

ก	◌ั	ก	ด	ช	เ	◌ิ	พ	ม	ย	อ	ม	ร	◌ั	ห
เ	◌ั	ม	น	ห	ย	◌่	า	◌์	า	◌้	ข	เ	◌ำ	น
พ	ก	ม	ต	ส	ย	ว	ย	ภ	ช	ก	◌๊	◌้	◌่	ข
อ	ว	ซ	ร	ง	า	ไ	◌ุ	ช	ก	◌ั	ก	จ	ว	ส
ย	◌ู	ก	◌ี	า	า	น	ไ	◌ั	◌ู	น	ห	ว	เ	◌ุ
◌ู	เ	ม	ค	ท	ซ	ง	ห	ด	ล	น	ภ	◌ิ	◌่	ม
◌่	ด	◌ี	ม	น	◌้	เ	ฟ	ช	◌้	ส	ไ	น	◌่	า
ไ	◌ี	เ	ซ	◌ิ	ง	ก	◌ั	ห	ม	เ	◌ิ	◌้	ย	ว
◌ิ	ย	ส	ไ	ด	า	า	า	ร	ง	◌ิ	ส	◌ั	า	ค
◌ั	ว	น	จ	เ	◌้	ม	น	◌่	ต	น	◌ั	ม	ก	◌ี
ก	ก	◌่	ล	ร	ว	ร	เ	ช	น	น	า	◌่	อ	ม
◌ำ	◌ั	ห	แ	า	เ	ล	◌ื	อ	ก	ข	◌้	า	ง	◌่
ล	น	◌์	ก	ก	เ	ก	◌ื	อ	บ	จ	ะ	ฟ	ว	◌ั
◌ั	อ	ซ	ะ	ค	◌่	า	เ	ช	◌่	า	ย	ห	◌็	น

ได้เสมอ
ลูกชาย
นำเข้า
เลือกข้าง
ค่าเช่า
มีความสุข
มีเสน่ห์
ว้าง
พวกคนงาน
แกะ
พายุ
เกือบจะ
กำลั
ดนตรี
มากกว่า
การเดินทาง
อยู่
เดียวกัน
ยอมรั
อ่าน

Puzzle 96

ห	ร	◌ู	ห	ร	า	ซ	ห	◌่	เ	ค	◌ั	เ	ม	น
ห	ก	า	◌ั	ต	ญ	◌ู	◌ั	◌่	ป	ว	เ	ๆ	ง	ต
ม	ม	ช	◌่	ว	ญ	ห	ม	า	ง	า	ล	ก	เ	า
า	◌ั	น	◌ั	ม	◌ิ	ท	น	ภ	◌่	ม	ม	◌ุ	ช	ค
ย	ว	◌่	น	ห	ร	◌ิ	ร	อ	จ	ค	ล	ท	จ	◌่
ถ	◌้	า	ไ	◌่	ป	ย	ล	◌ั	จ	◌ิ	◌ั	น	ล	◌ำ
◌ึ	◌ั	◌้	อ	น	◌ั	น	ก	จ	พ	ด	ว	ก	ป	◌้
ง	ร	ก	ด	◌่	น	แ	ม	อ	แ	ย	ม	อ	า	ล
ไ	ว	ห	ค	◌๊	◌ี	◌์	◌ู	จ	ผ	า	◌์	◌ั	ก	อ
◌๊	◌ิ	◌ั	ฟ	◌ู	ห	◌ั	◌่	ช	◌่	ล	น	ส	ย	◌ู
◌ั	ว	ฟ	◌์	ก	ง	า	ข	◌้	น	า	◌้	ด	◌ิ	ฐ
ว	◌้	เ	ด	ช	◌่	ผ	า	ย	ง	◌้	น	◌ั	ย	น
ท	◌ี	◌่	ด	◌ี	◌ิ	เ	ป	า	า	ม	ซ	◌ั	น	า
◌่	◌ิ	ช	◌ั	ก	ว	◌ั	ย	ต	น	ก	◌ั	ไ	ก	ฟ

แน่
ปริญญา
หมายถึง
ทรัพย์สิน
ที่ดี
ด้านข้าง
หรูหรา
ล้ำค่า
หมา
ม้าลาย
ความคิด
ทุกๆ
หน่วย
วิ่งหนี
เงา
รั้ว
เผา
อูฐ
กลาง
แผ่นงาน

Puzzle 97

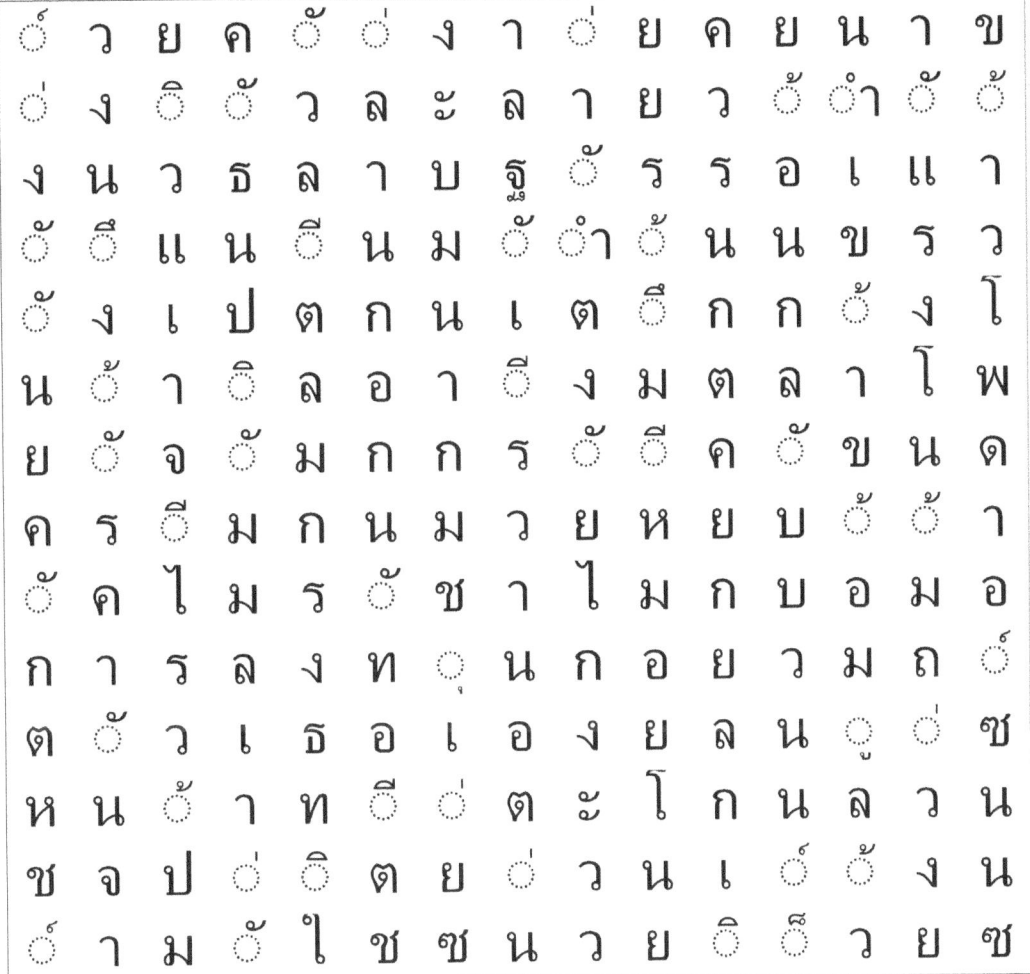

◌์	ว	ย	ค	◌ั	◌่	ง	า	◌่	ย	ค	ย	น	า	ข
◌่	ง	◌ิ	◌ั	ว	ล	ะ	ล	า	ย	ว	◌้	◌ำ	◌ั	◌้
ง	น	ว	ธ	ล	า	บ	ฐ	◌ั	ร	ร	อ	เ	แ	า
◌ั	◌ึ	แ	น	◌ี	น	ม	◌ั	◌ำ	◌้	น	น	ข	ร	ว
◌ั	ง	เ	ป	ต	ก	น	เ	ต	◌ึ	ก	ก	◌้	ง	โ
น	◌้	า	◌ิ	ล	อ	า	◌ี	ง	ม	ต	ล	า	โ	พ
ย	◌ั	จ	◌ั	ม	ก	ก	ร	◌ั	◌ี	ค	◌ั	ข	น	ด
ค	ร	◌ี	ม	ก	น	ม	ว	ย	ห	ย	บ	◌้	◌้	า
◌ั	ค	ไ	ม	ร	◌ั	ช	า	ไ	ม	ก	บ	อ	ม	อ
ก	า	ร	ล	ง	ท	◌ุ	น	ก	อ	ย	ว	ม	ถ	◌์
ต	◌ั	ว	เ	ธ	อ	เ	อ	ง	ย	ล	น	◌ู	◌่	ซ
ห	น	◌้	า	ท	◌ี	◌่	ต	ะ	โ	ก	น	ล	ว	น
ช	จ	ป	◌่	◌ิ	ต	ย	◌่	ว	น	เ	◌์	◌้	ง	น
◌์	า	ม	◌ั	ไ	ช	ซ	น	ว	ย	◌ิ	◌็	ว	ย	ซ

รัฐบาล
ควร
รัช
แรงโน้มถ่วง
แปลกมาก
ตะโกน
ย้อนกลับ
ครั้งนึง
น้ำมัน
หมอ
ตัวเธอเอง
ครีม
ละลาย
นำเข้าข้อมูล
หน้าที่
การลงทุน
ความเงียบ
วิธีการ
ข้าวโพด
ตึก

Puzzle 98

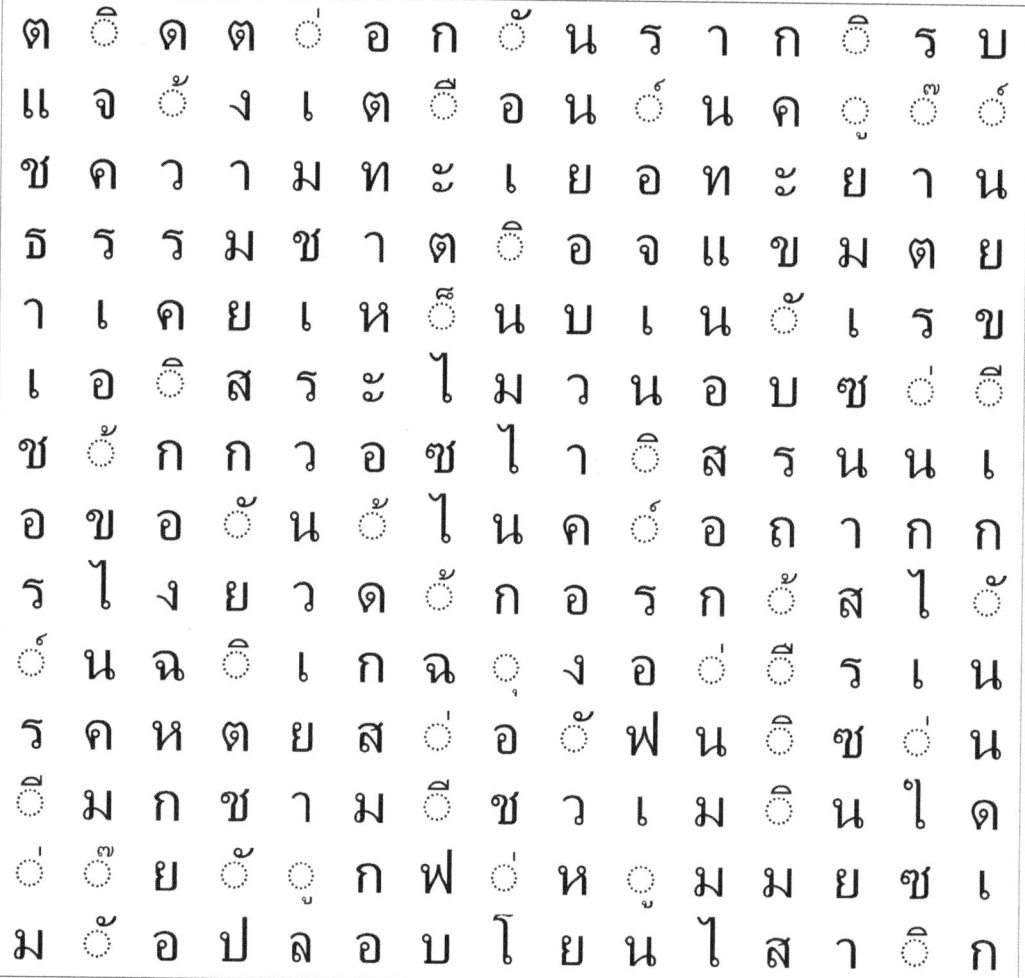

ต	◌ิ	ด	ต	◌่	อ	ก	◌ั	น	ร	า	ก	◌ิ	ร	บ
แ	จ	◌้	ง	เ	ต	◌ื	อ	น	◌์	น	ค	◌ู	◌๊	◌์
ช	ค	ว	า	ม	ท	ะ	เ	ย	อ	ท	ะ	ย	า	น
ธ	ร	ร	ม	ช	า	ต	◌ิ	อ	จ	แ	ข	ม	ต	ย
า	เ	ค	ย	เ	ห	◌็	น	บ	เ	น	◌ั	เ	ร	ข
เ	อ	◌ิ	ส	ร	ะ	ไ	ม	ว	น	อ	บ	ซ	◌่	◌ี
ช	◌้	ก	ก	ว	อ	ซ	ไ	า	◌ิ	ส	ร	น	น	เ
อ	ข	อ	◌ั	น	◌้	ไ	น	ค	◌์	อ	ถ	า	ก	ก
ร	ไ	ง	ย	ว	ด	◌้	ก	อ	ร	ก	◌้	ส	ไ	◌ั
◌์	น	ฉ	◌ิ	เ	ก	ฉ	◌ุ	ง	อ	◌่	◌ี	ร	เ	น
ร	ค	ห	ต	ย	ส	◌่	อ	◌ั	ฟ	น	◌ิ	ซ	◌่	น
◌ี	ม	ก	ช	า	ม	◌ี	ช	ว	เ	ม	◌ิ	น	ไ	ด
◌่	◌๊	ย	◌ั	◌ู	ก	ฟ	◌่	ห	◌ู	ม	ม	ย	ซ	เ
ม	◌ั	อ	ป	ล	อ	บ	โ	ย	น	ไ	ส	า	◌ิ	ก

เคยเห็น
เฟอร์นิเจอร์
อิสระ
ขับรถ
เรื่องฉุกเฉิน
ติดต่อกัน
แจ้งเตือน
ปลอบโยน
สอนแทน
ยิง
หวัง
ไส้กรอกด้วย
เชอร์รี่
คาวบอย
คนไข้
ธรรมชาติ
สี่
นักเขียน
บริการ
ความทะเยอทะยาน

Puzzle 99

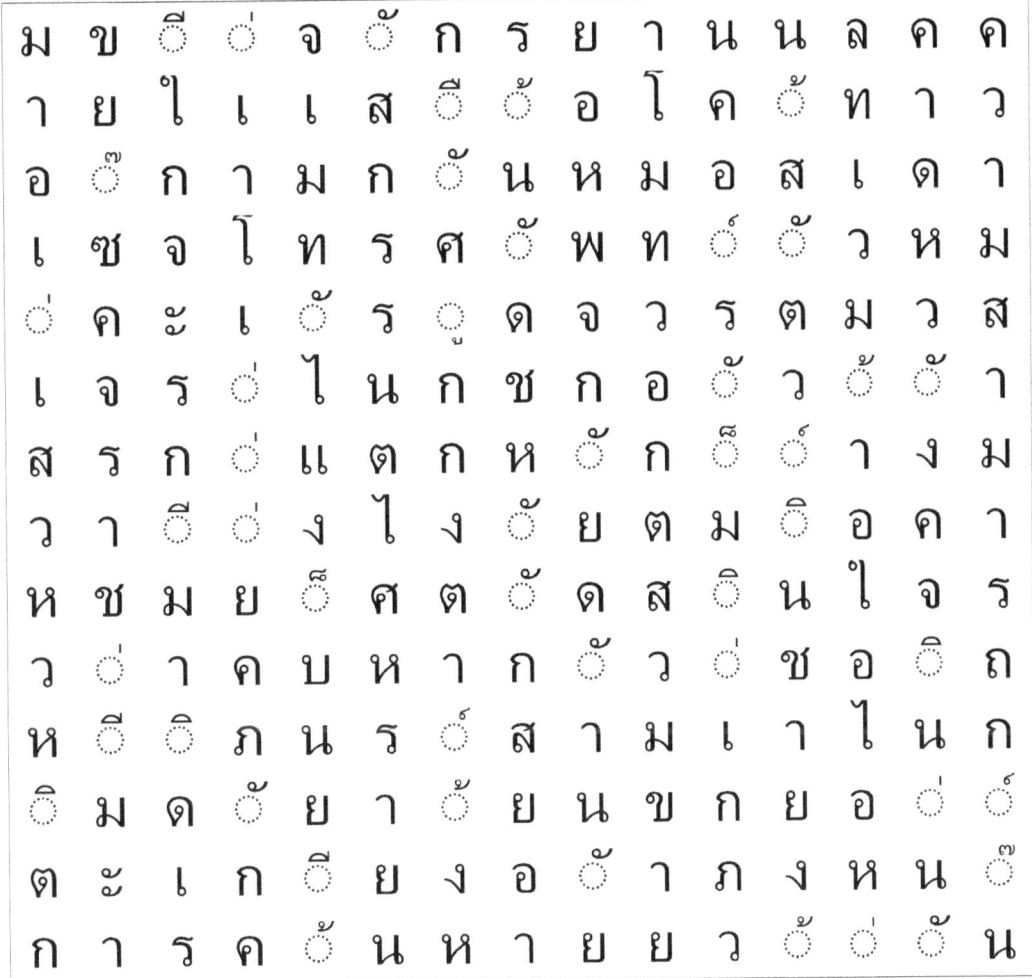

ม	ข	◌ี	◌่	จ	◌ั	ก	ร	ย	า	น	น	ล	ค	ค
า	ย	ไ	เ	เ	ส	◌ื	◌ั	อ	โ	ค	◌้	ท	า	ว
อ	◌๊	ก	า	ม	ก	◌ั	น	ห	ม	อ	ส	เ	ด	า
เ	ซ	จ	โ	ท	ร	ศ	◌ั	พ	ท	◌์	◌ั	ว	ห	ม
◌่	ค	ะ	เ	◌ั	ร	◌ู	ด	จ	ว	ร	ต	ม	ว	ส
เ	จ	ร	◌่	ไ	น	ก	ช	ก	อ	◌ั	ว	◌้	◌ั	า
ส	ร	ก	◌่	แ	ต	ก	ห	◌ั	ก	◌็	◌์	า	ง	ม
ว	า	◌ี	◌่	ง	ไ	ง	◌ั	ย	ต	ม	◌ิ	อ	ค	า
ห	ช	ม	ย	◌็	ศ	ต	◌ั	ด	ส	◌ิ	น	ใ	จ	ร
ว	◌่	า	ค	บ	ห	า	ก	◌ั	ว	◌่	ช	อ	◌ิ	ถ
ห	◌ี	◌ิ	ภ	น	ร	◌์	ส	า	ม	เ	า	ไ	น	ก
◌ิ	ม	ด	◌ั	ย	า	◌้	ย	น	ข	ก	ย	อ	◌่	◌์
ต	ะ	เ	ก	◌ี	ย	ง	อ	◌ั	า	ภ	ง	ห	น	◌๊
ก	า	ร	ค	◌้	น	ห	า	ย	ย	ว	◌้	◌่	◌ั	น

กระจก
แตกหัก
เคร่งศาสนา
เสื้อโค้ท
ขี่จักรยาน
สัตว์
ขนย้าย
ชาย
เมาส์
การค้นหา
ตะเกียง
หนักมาก
เรียบร้อย
สามคน
ยังไง
คาดหวัง
ความสามารถ
ตัดสินใจ
ตรวจดู
โทรศัพท์

Puzzle 100

◌์	ค	า	เ	◌้	น	◌้	เ	ม	◌ั	ว	◌๊	ว	ห	ไ
◌์	◌ั	ม	ฟ	ว	ร	ว	พ	อ	ม	า	ถ	ไ	◌ั	ด
◌่	◌ั	◌ั	ไ	◌ั	ล	า	◌ี	เ	◌่	ม	แ	ล	ว	◌้
ไ	ซ	ซ	น	น	◌้	า	◌่	ต	ซ	เ	โ	◌่	เ	ไ
ว	อ	◌่	ร	ย	◌ั	ภ	อ	อ	ข	จ	ล	ต	ร	ต
อ	◌ิ	น	ท	ร	◌ี	◌ั	น	ร	ม	◌็	ก	า	◌ี	ร
ท	ย	ค	า	อ	◌ั	ร	ก	◌์	า	บ	ค	ม	◌่	◌่
ซ	◌ี	◌ั	ม	ง	จ	ไ	◌ั	ไ	ถ	ป	◌ิ	ก	อ	ต
ห	ล	ห	ซ	ย	ง	น	น	ซ	◌ื	ว	◌ิ	ต	ง	ร
◌่	ว	น	ล	ง	ย	ร	น	ค	ง	ด	ช	◌ี	ม	อ
เ	ห	◌็	น	◌ั	◌็	◌์	แ	◌์	◌ิ	เ	ต	◌้	◌์	ง
ก	ต	ห	◌้	ส	ง	ป	◌ี	ส	◌ุ	ด	ท	◌้	า	ย
ว	า	ม	ร	◌ั	บ	ผ	◌ิ	ด	ช	อ	บ	ไ	ย	ภ
น	ช	ป	เ	ห	ล	◌ั	ก	ฐ	า	น	ภ	ย	ป	ก

แรงงาน
ถาม
หัวเรื่อง
ไล่ตาม
เวลา
โลก
เห็น
ได้ไตร่ตรอง
มอเตอร์ไซค์
วามเจ็บปวด
หลักฐาน
อินทรี
ปีสุดท้าย
ขออภัย
แม่
ตี้
มาถึง
เพื่อนกัน
วามรับผิดชอบ
ทีหลัง

Puzzle 1

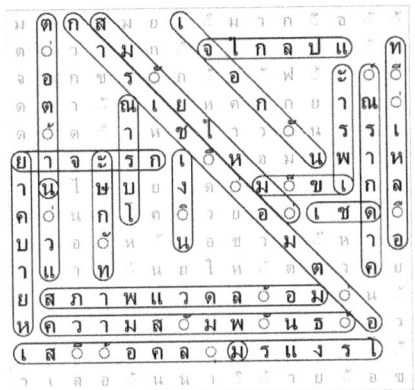

Puzzle 2

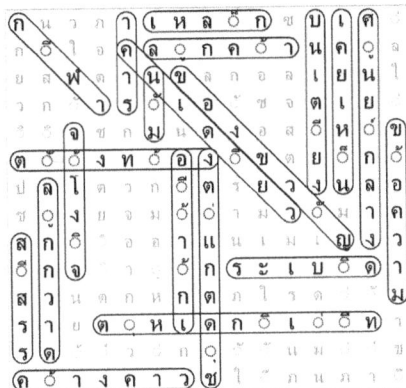

Puzzle 3

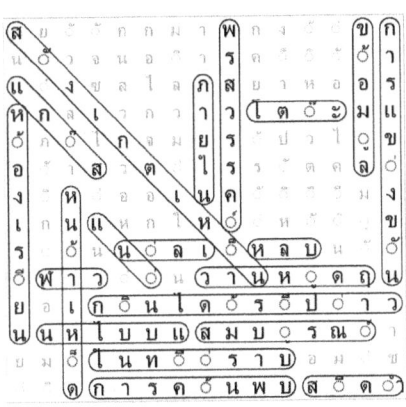

Puzzle 4

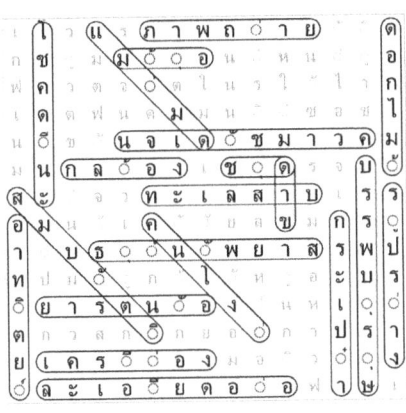

Puzzle 5

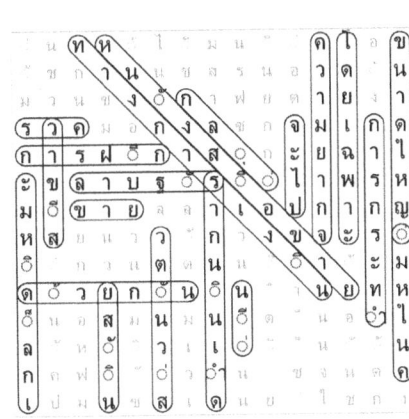

Puzzle 6

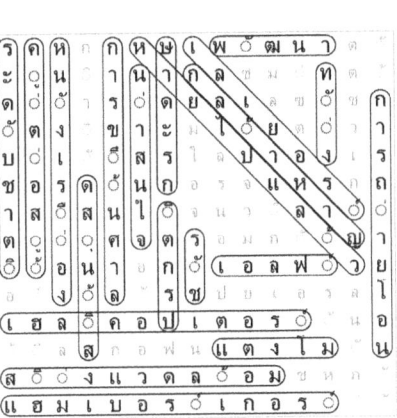

Puzzle 7

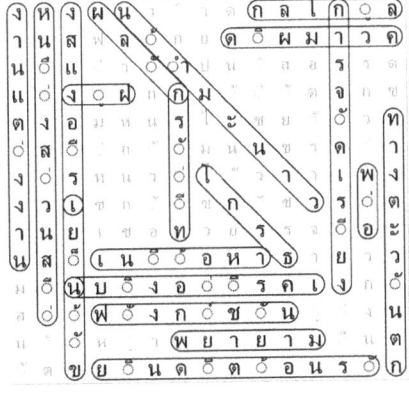

Puzzle 8

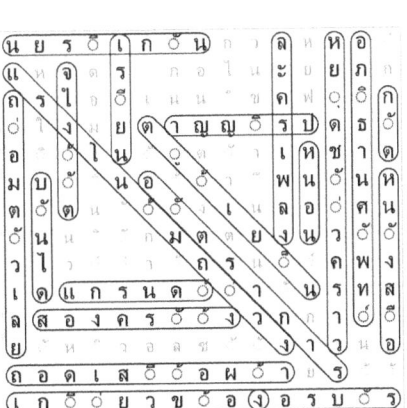

Puzzle 9

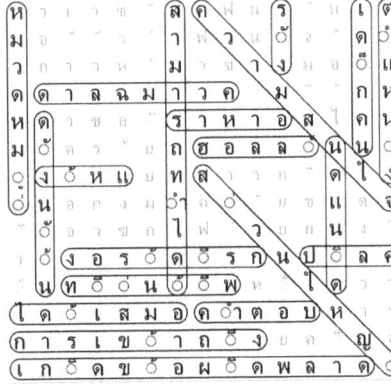

Puzzle 10

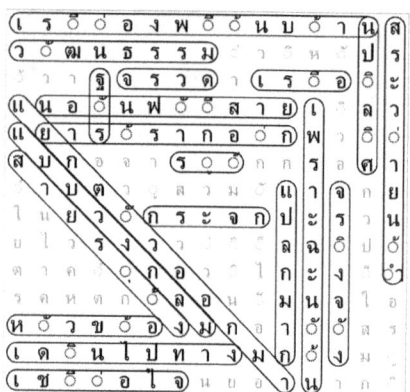

Puzzle 11

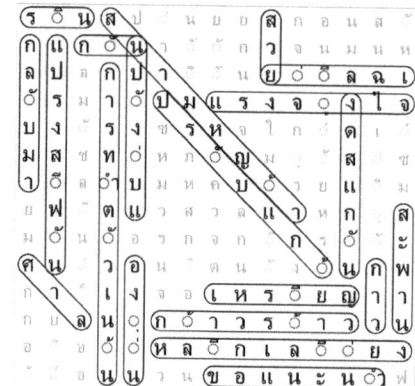

Puzzle 12

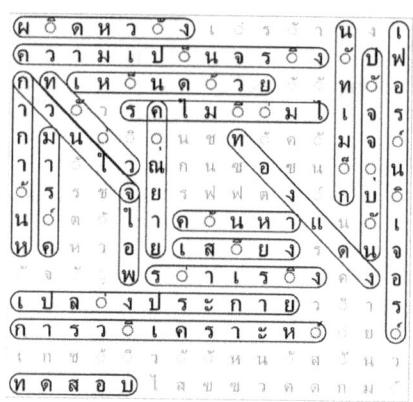

Puzzle 13

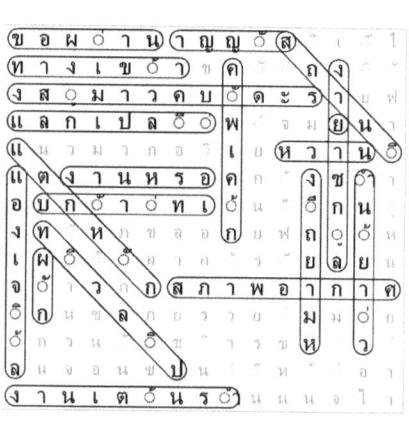

Puzzle 14

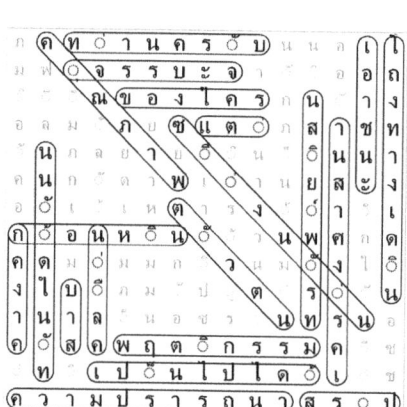

Puzzle 15

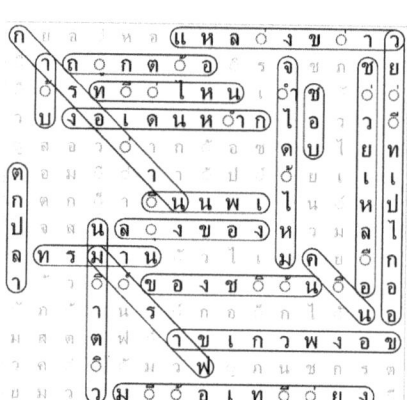

Puzzle 16

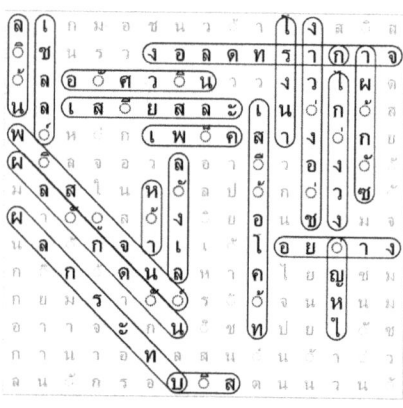

Puzzle 17

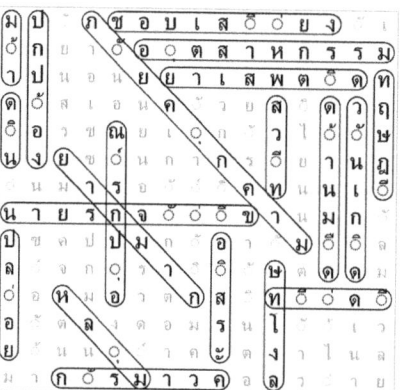

Puzzle 18

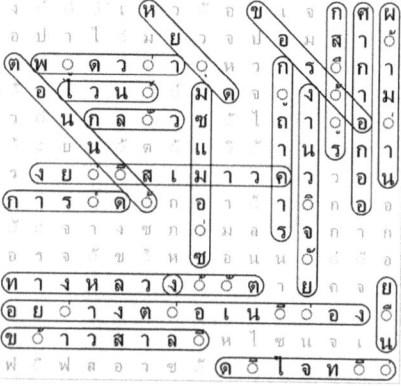

Puzzle 19

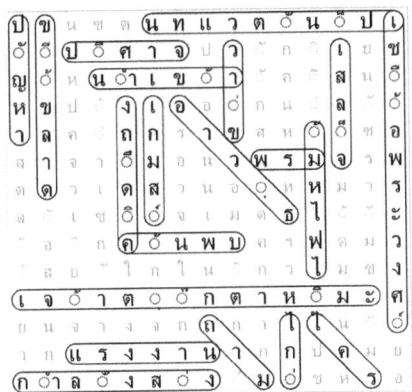

Puzzle 20

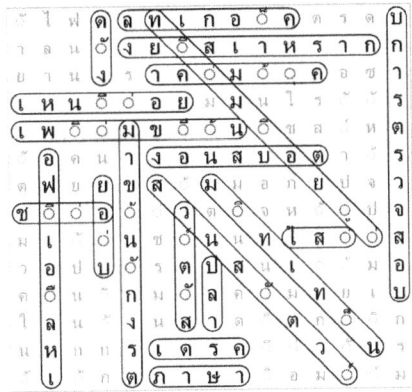

Puzzle 21

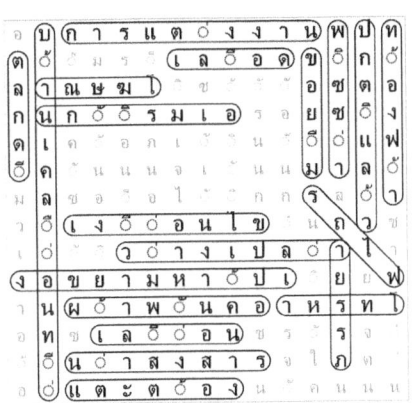

Puzzle 22

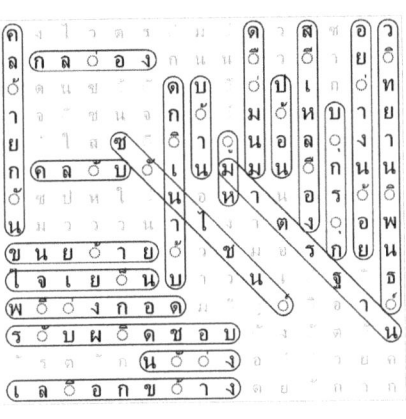

Puzzle 23

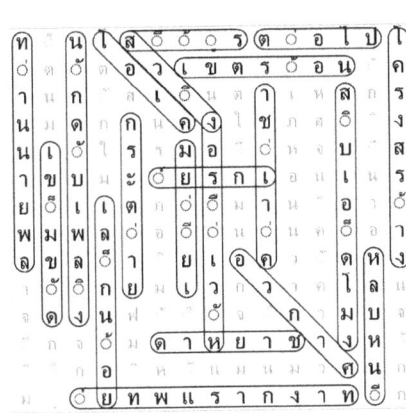

Puzzle 24

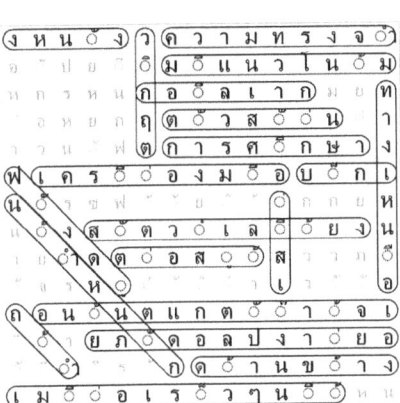

Puzzle 25

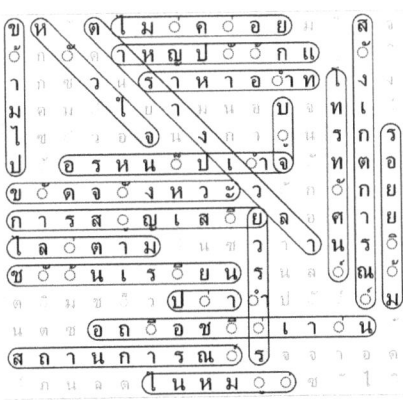

Puzzle 26

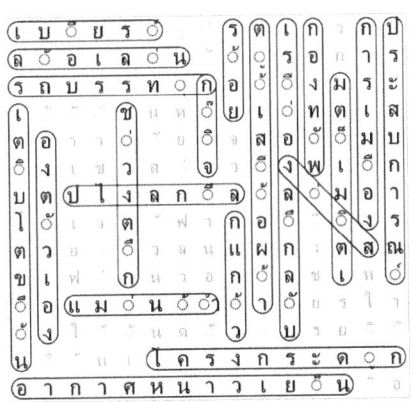

Puzzle 27

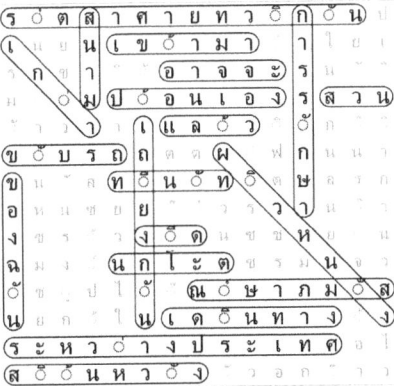

Puzzle 28

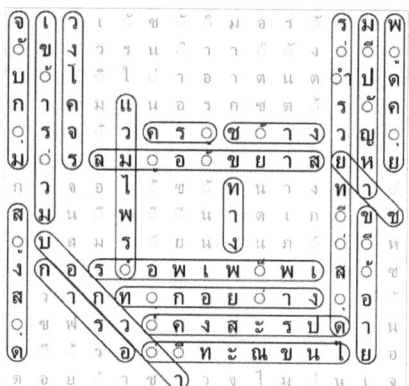

Puzzle 29

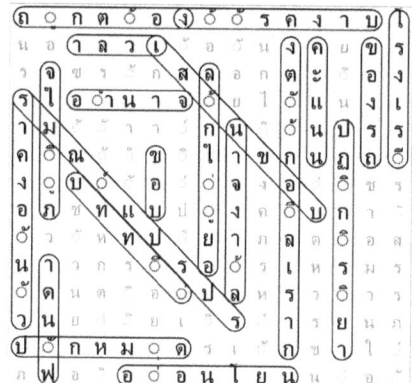

Puzzle 30

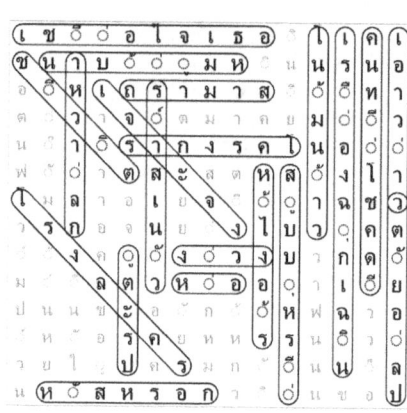

Puzzle 31

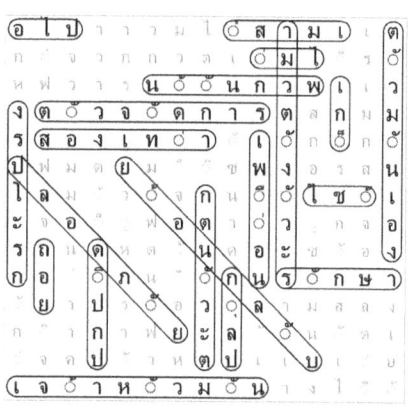

Puzzle 32

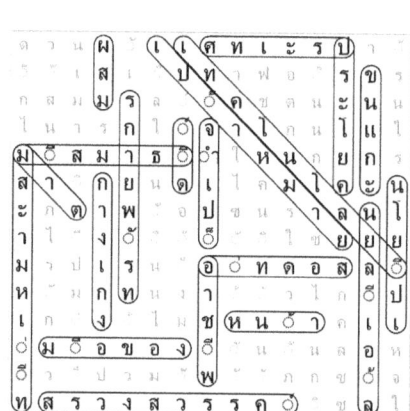

Puzzle 33

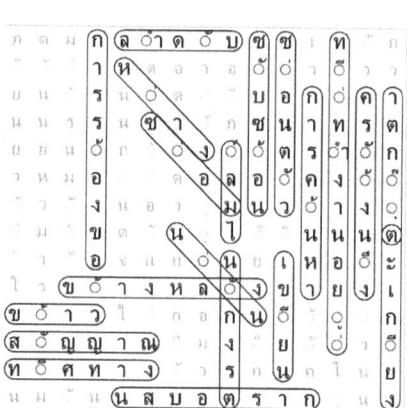

Puzzle 34

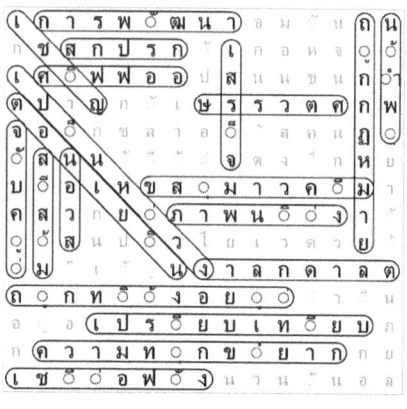

Puzzle 35

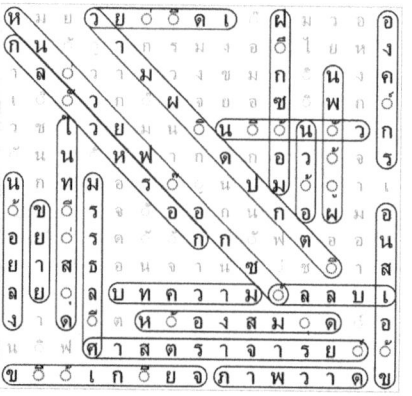

Puzzle 36

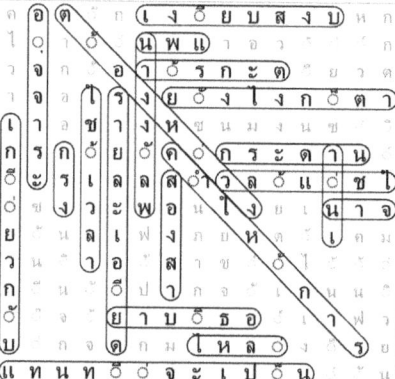

Puzzle 37

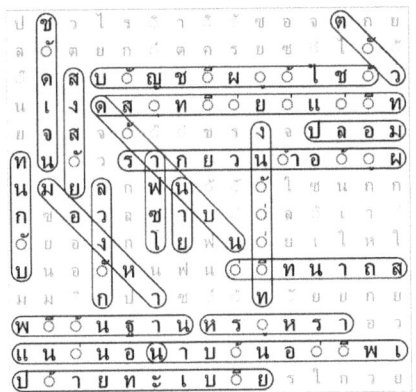

Puzzle 38

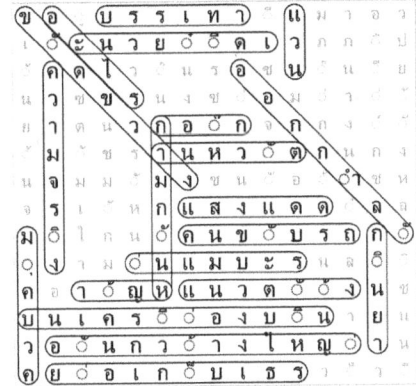

Puzzle 39

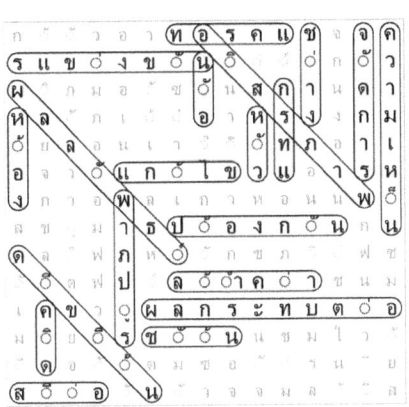

Puzzle 40

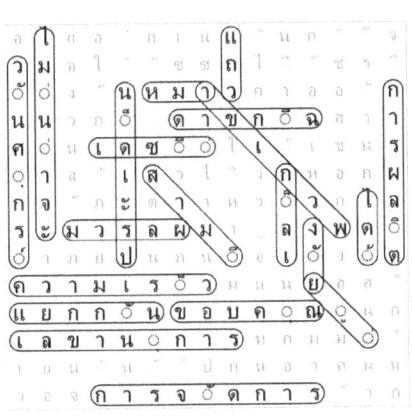

Puzzle 41

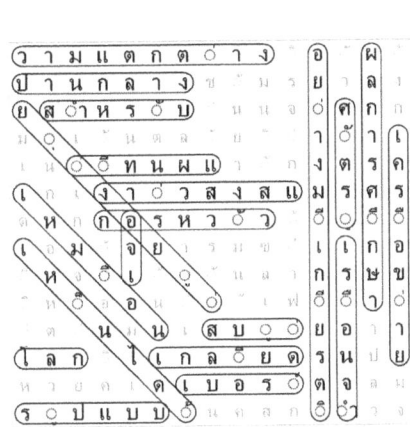

Puzzle 42

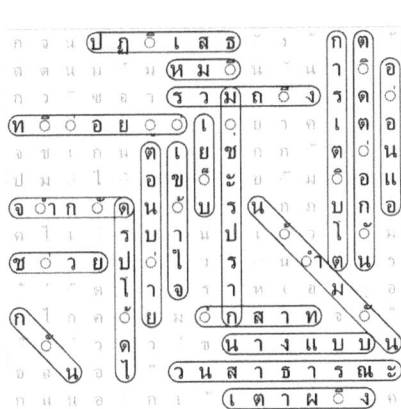

Puzzle 43

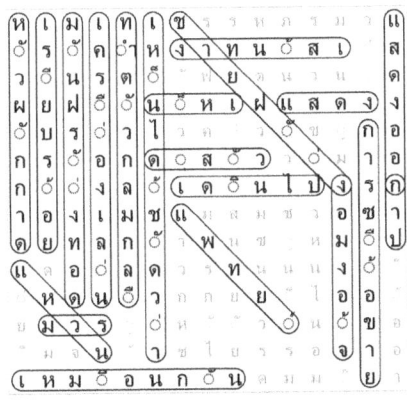

Puzzle 44

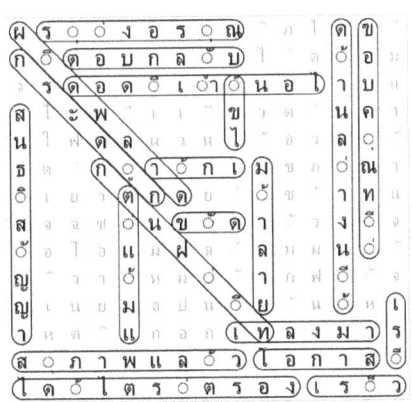

Puzzle 45

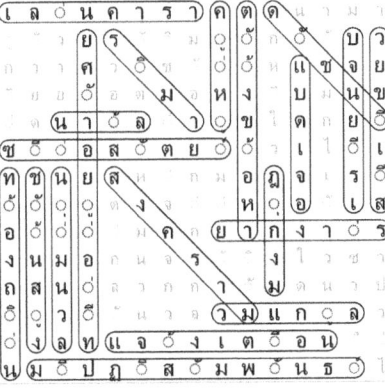

Puzzle 46

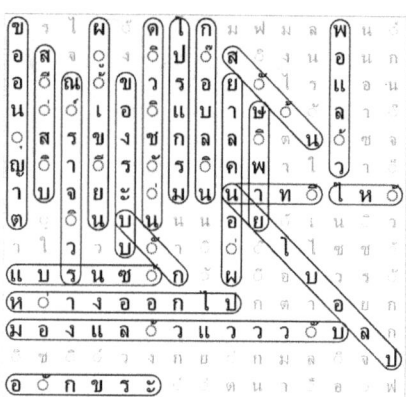

Puzzle 47

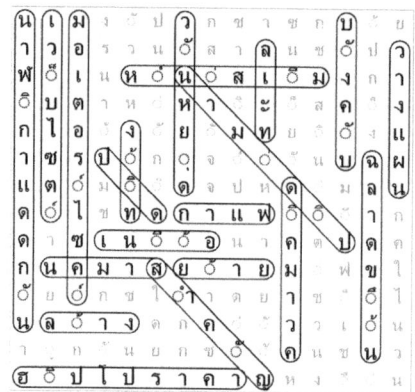

Puzzle 48

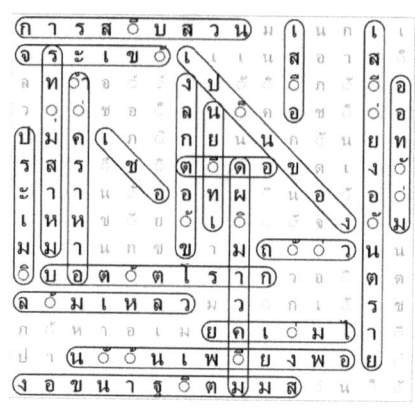

Puzzle 49

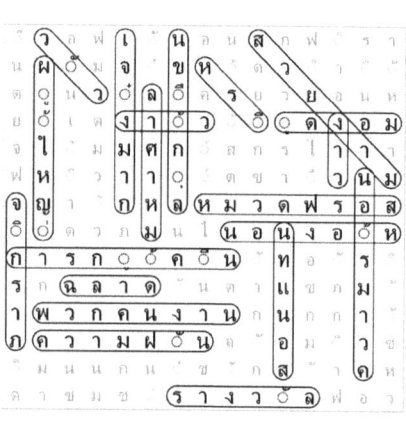

Puzzle 50

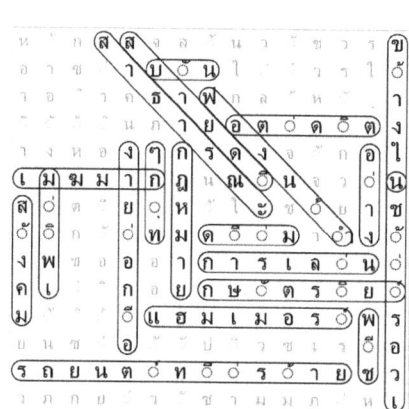

Puzzle 51

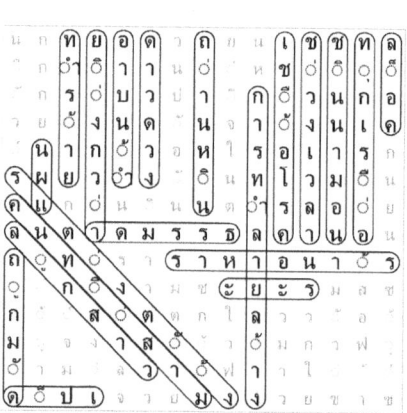

Puzzle 52

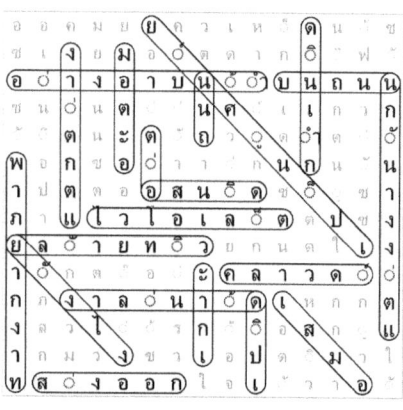

Puzzle 53

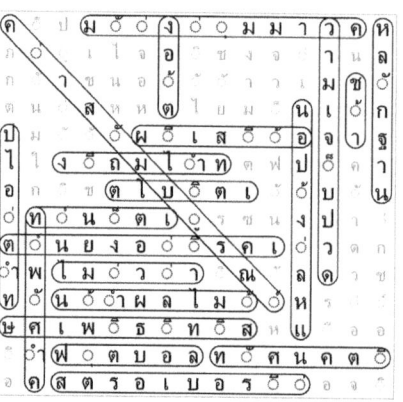

Puzzle 54

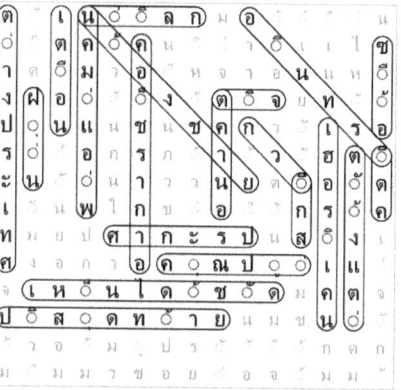

Puzzle 55

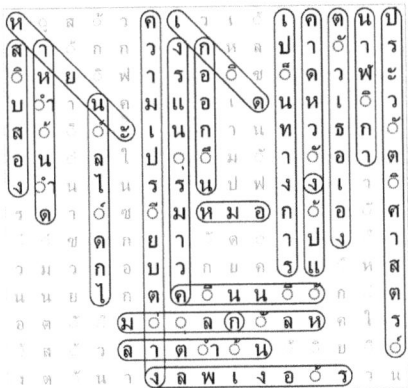

Puzzle 56

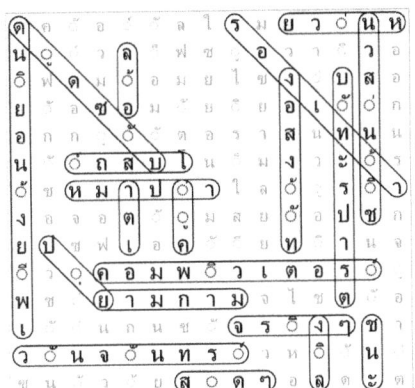

Puzzle 57

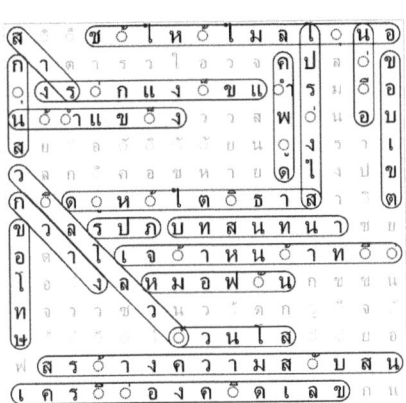

Puzzle 58

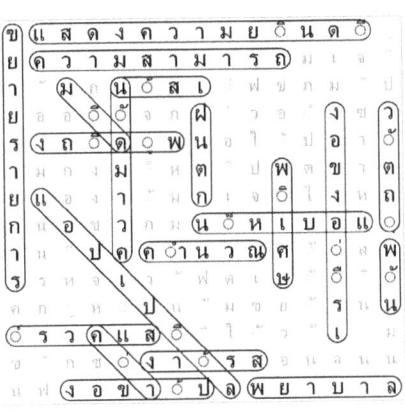

Puzzle 59

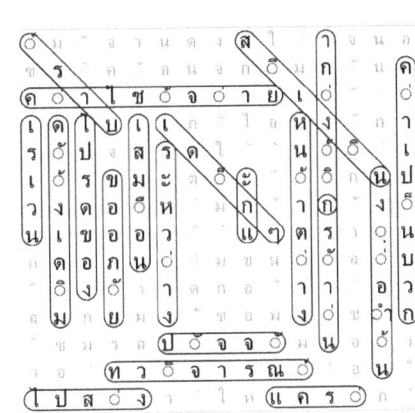

Puzzle 60

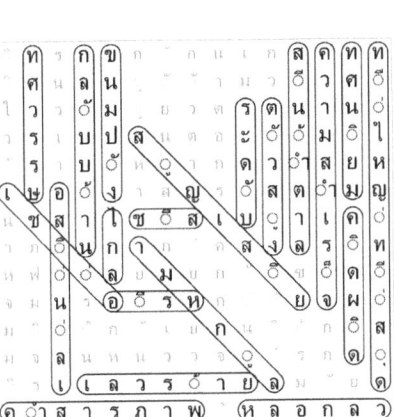

Puzzle 61

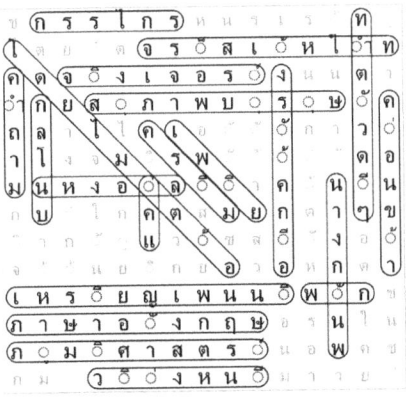

Puzzle 62

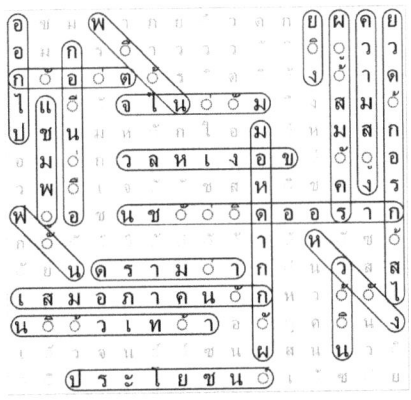

Puzzle 63

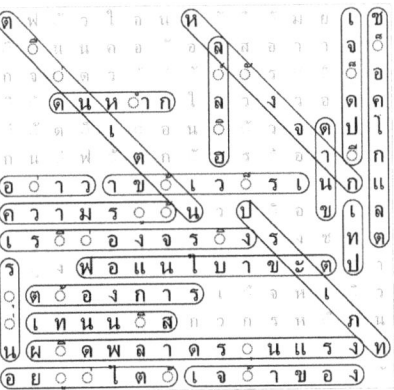

Puzzle 64

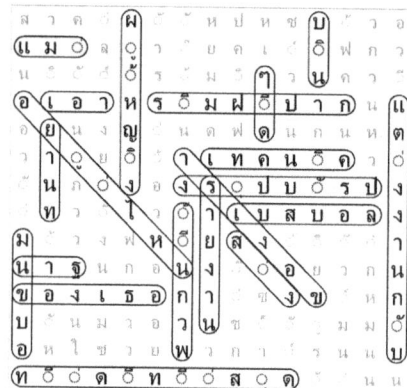

Puzzle 65

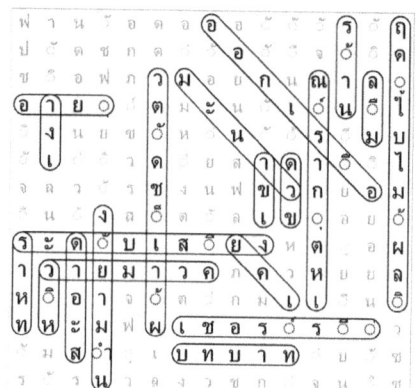

Puzzle 66

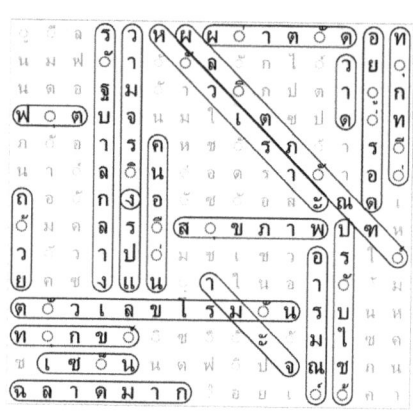

Puzzle 67

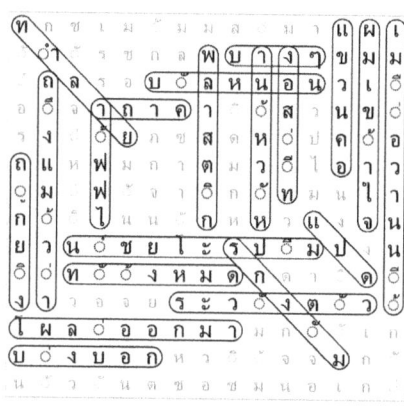

Puzzle 68

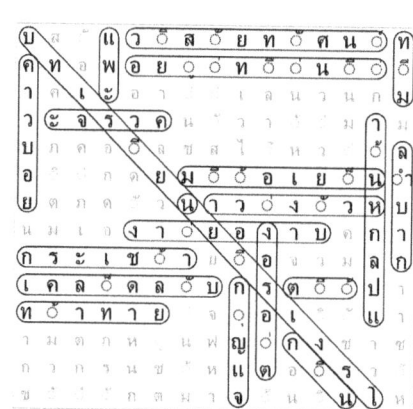

Puzzle 69

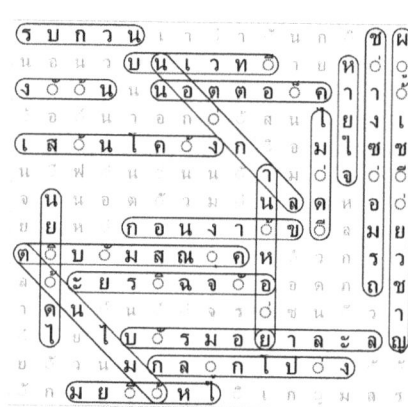

Puzzle 70

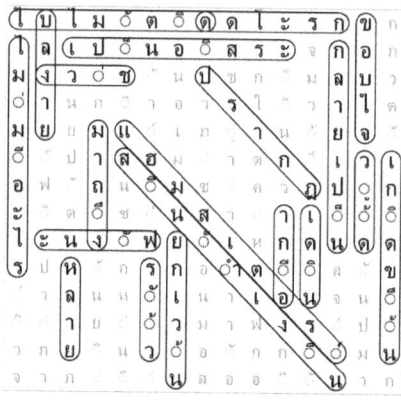

Puzzle 71

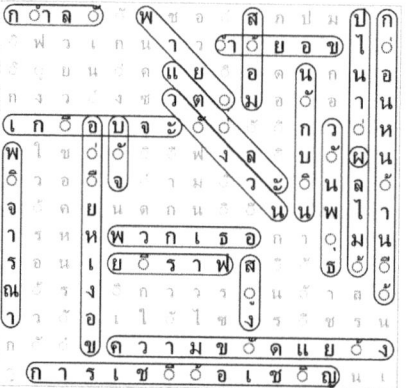

Puzzle 72

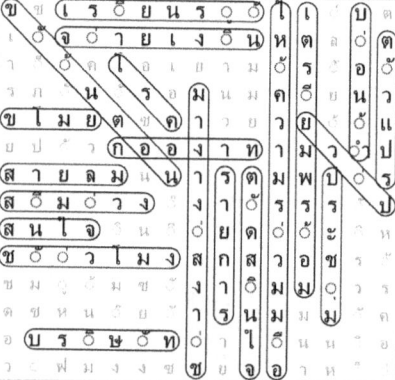

Puzzle 73

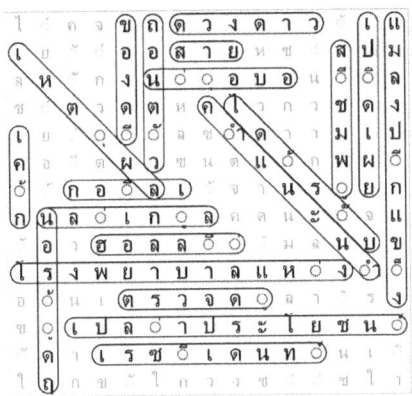

Puzzle 74

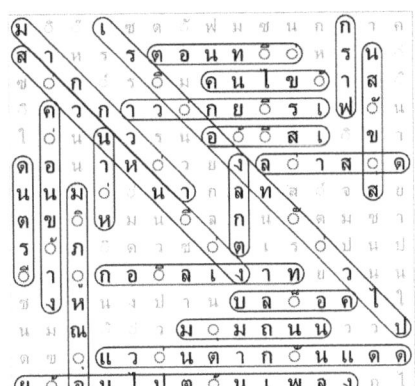

Puzzle 75

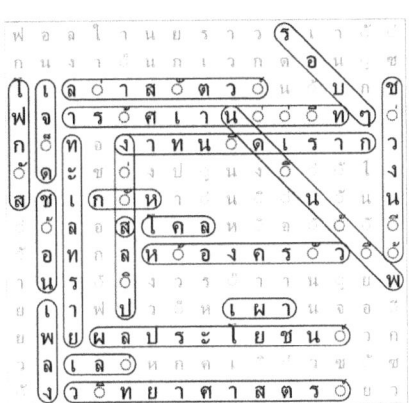

Puzzle 76

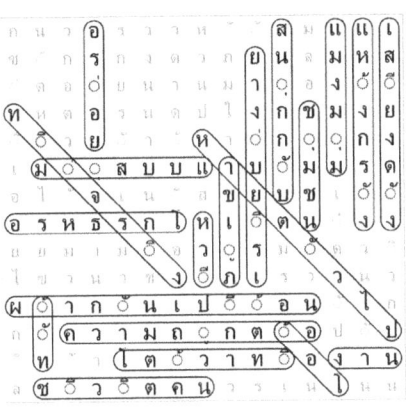

Puzzle 77

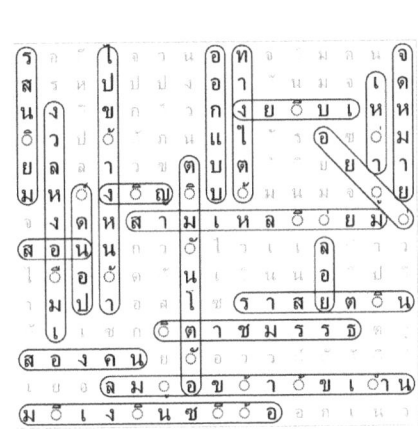

Puzzle 78

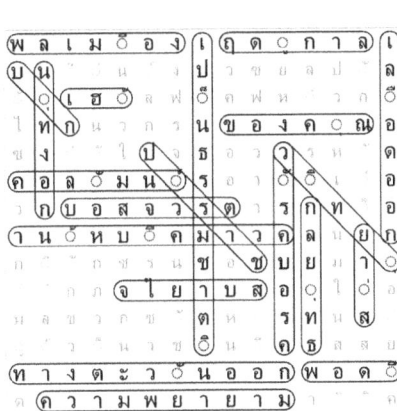

Puzzle 79

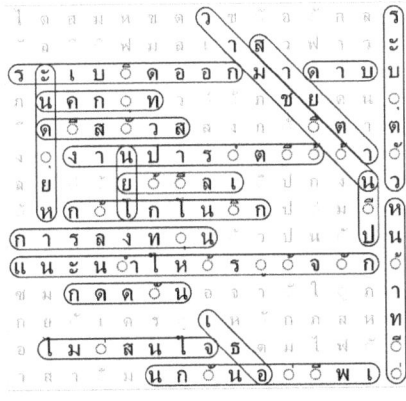

Puzzle 80

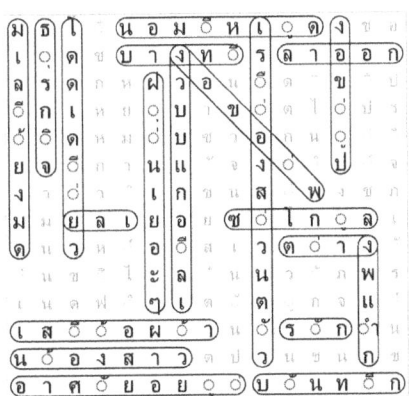

Puzzle 81

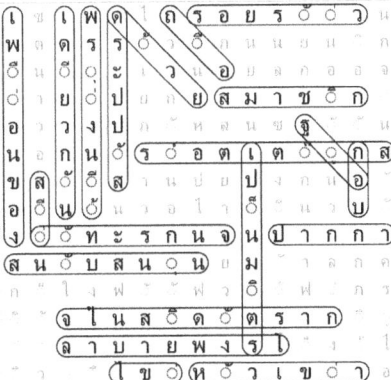

Puzzle 82

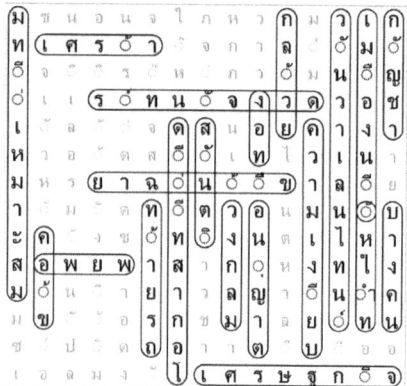

Puzzle 83

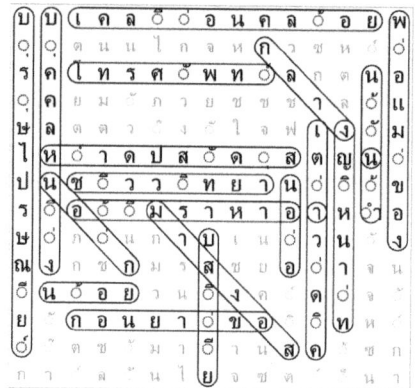

Puzzle 84

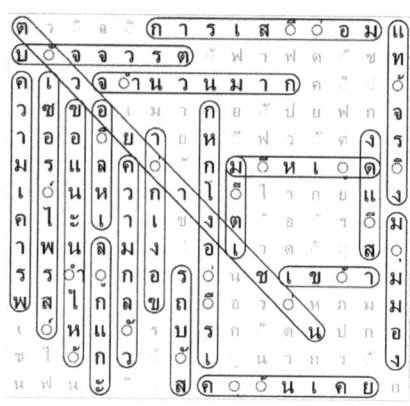

Puzzle 85

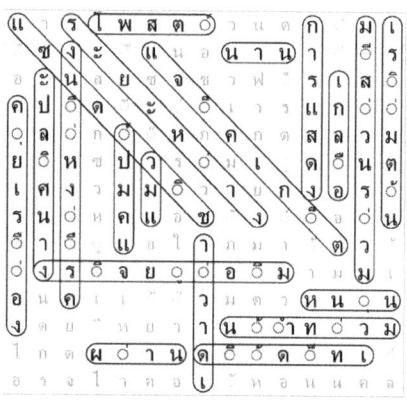

Puzzle 86

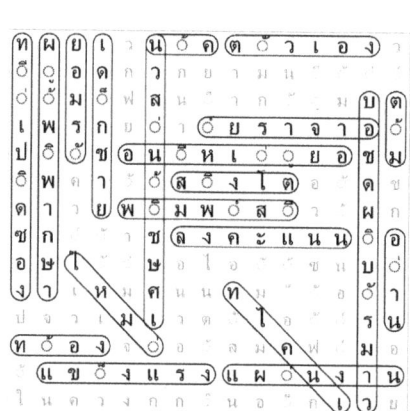

Puzzle 87

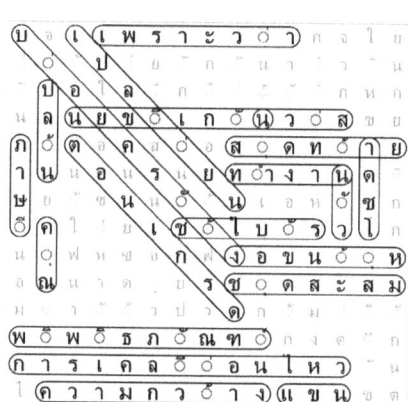

Puzzle 88

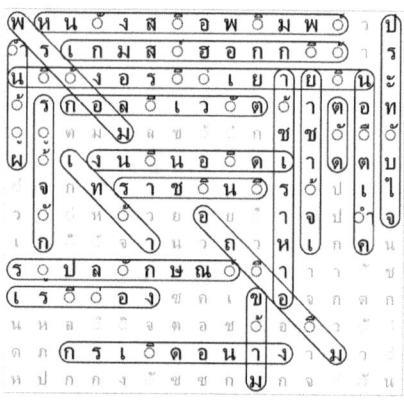

Puzzle 89

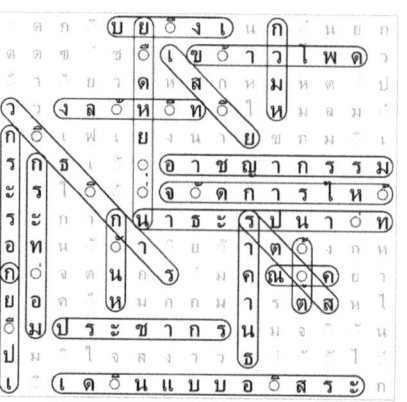

Puzzle 90

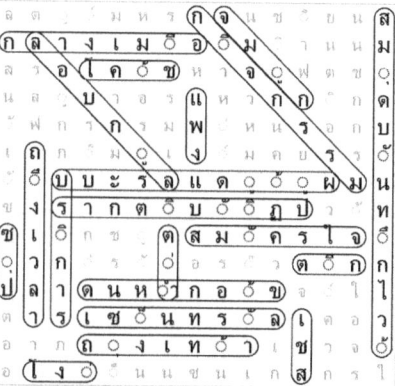

Puzzle 91

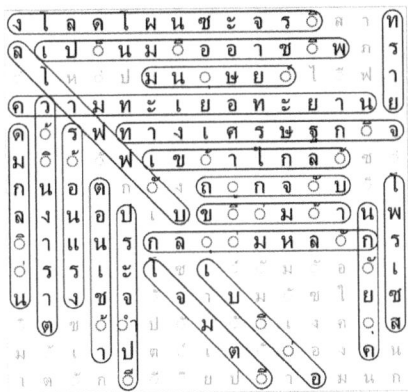

Puzzle 92

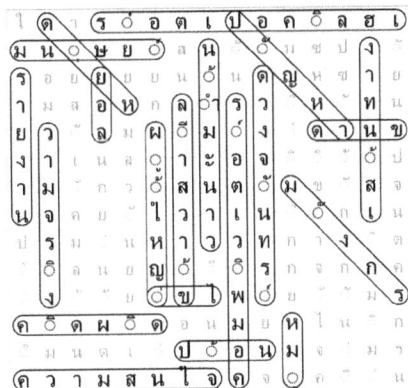

Puzzle 93

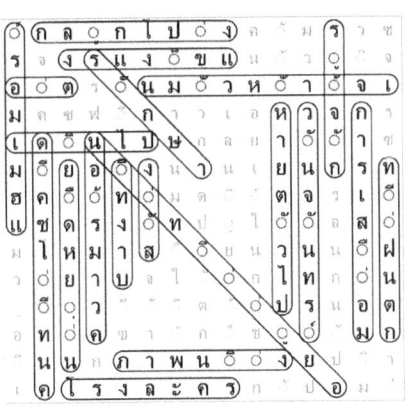

Puzzle 94

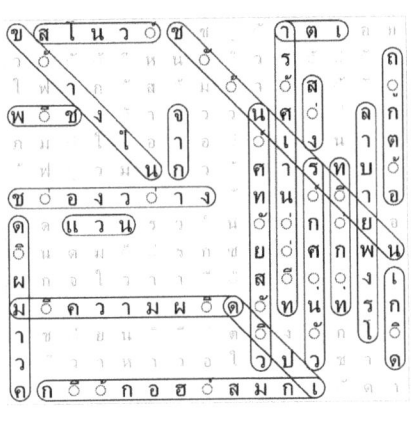

Puzzle 95

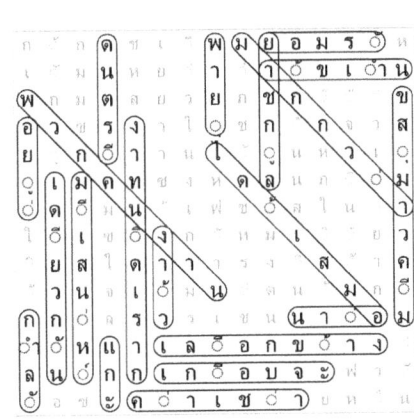

Puzzle 96

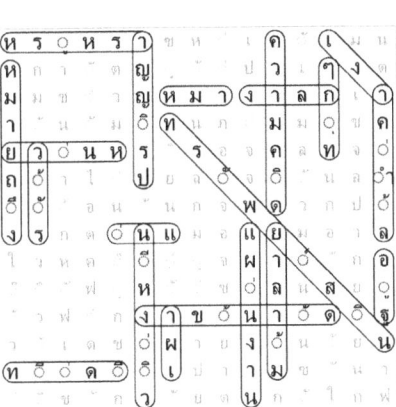

Puzzle 97

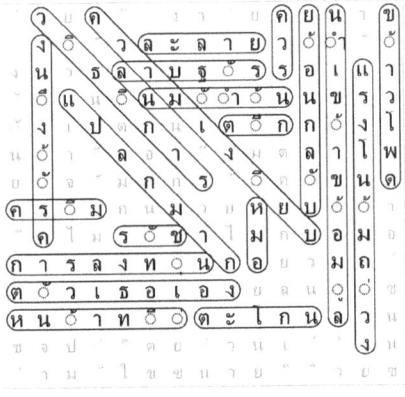

Puzzle 98

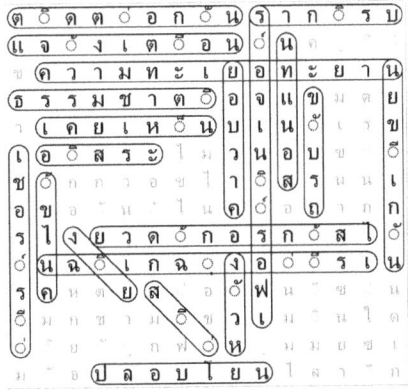

Puzzle 99

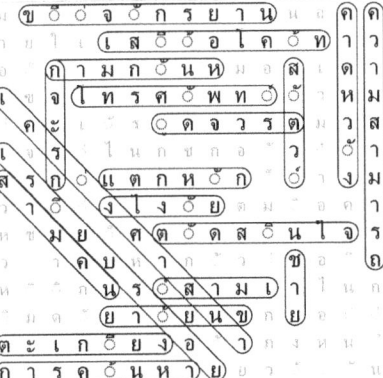

Puzzle 100

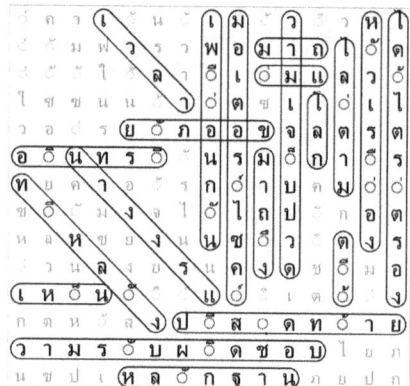

Congratulations

You made it!

We hope you enjoyed this book as much as we enjoyed making it. We do our best to make high quality games.

These puzzles are designed in a clever way to actively spark the brain and make it sharp and quick!
Did you love them?

A Simple Request

Our books exist thanks to the reviews you post on Amazon. Could you help us by leaving a review now?

Here is a short link which will take you to your Amazon orders review page.

BestBooksActivity.com/Review50

MONSTER CHALLENGE!

Challenge #1

Ready for Your Bonus Game? We use them all the time but they are not so easy to find. Here are **Synonyms**!

Note 5 words you discovered in each of the Puzzles noted below (#21, #36, #76) and try to find 2 synonyms for each word.

Note 5 Words from *Puzzle 21*

Words	Synonym 1	Synonym 2

Note 5 Words from *Puzzle 36*

Words	Synonym 1	Synonym 2

Note 5 Words from *Puzzle 76*

Words	Synonym 1	Synonym 2

Challenge #2

Now that you are warmed-up, note 5 words you discovered in each Puzzle noted below (#9, #17, #25) and try to find 2 antonyms for each word.
How many lines can you do in 20 minutes?

Note 5 Words from **Puzzle 9**

Words	Antonym 1	Antonym 2

Note 5 Words from **Puzzle 17**

Words	Antonym 1	Antonym 2

Note 5 Words from **Puzzle 25**

Words	Antonym 1	Antonym 2

Challenge #3

Wonderful, this monster challenge is nothing to you!

Ready for the last one? Choose your 10 favorite words discovered in any of the Puzzles and note them below.

1.	6.
2.	7.
3.	8.
4.	9.
5.	10.

Now, using these words and within a maximum of six sentences, your challenge is to compose a text about a person, animal or place that you love!

Tip: You can use the last blank page of this book as a draft!

Your Writing:

Explore a Unique Store
Set Up **FOR YOU!**

NOTEBOOK:

SEE YOU SOON!

Delta Classics Team

BESTACTIVITYBOOKS.COM/FREEGAMES

www.ingramcontent.com/pod-product-compliance
Lightning Source LLC
Chambersburg PA
CBHW082107120626
46553CB00011B/3587
9798896709350